이재진

21만 러너들과 함께하는 〈마라닉 TV〉의 운영자. 13년째 달리고 있는 러너다. 방송사 PD로 일하다가 쓰러져 응급실에 실려 가기를 세 차례. '이대론 안 되겠다' 싶은 마음에 달리기를 시작했다. 마라톤 풀코스를 완주하며 박차고 나올 용기를 얻었다.

오직 살기 위해 시작한 달리기가 살길을 찾아주어 '마라톤을 피크닉처럼'이라는 뜻의 러닝 유튜브 채널 〈마라닉 TV〉로 인생의 방향을 틀었다. '누구나 가볍게 시작하는 달리기', '꾸준히 나를 바꾸는 달리기'로 국내 러닝 문화에 신선한 바람을 일으키고 있다.

달리기로 얻은 마법과 같은 삶의 변화를 많은 분들께 몸소 보여줌으로써 '정말 안 달리는 분들'도 즐겁게 오래오래 달렸으면 하는 바람을 갖고 있다. 쓴 책으로 《마라닉 페이스》가 있다.

유튜브 마라닉 TV

토트 문자를 창조한 지혜의 신
디자인 성윤정

"오늘을 달리면, 내일이 달라집니다."

러닝 챌린지
100

Running challenge 100
러닝 챌린지 100

내 인생을 바꿔줄 100번의 기회

이재진 지음

푸른숲

프롤로그 # 100번의 달리기가 중요한 이유

살다 보면 이럴 때가 있었을 겁니다.
몸은 무겁고, 마음은 지쳐 아무것도 하기 싫은 날.
하루하루 그저 버티는 것밖에 할 수 없고,
'이대로 괜찮을까?' 불안만 쌓여 가는 날들.

저 역시 그랬습니다.
몸은 무너져 있었고, 마음은 오랫동안 비를 맞은 나무처럼
축 늘어져 있었죠.
그저 살아내는 게 전부였습니다.

그때 우연히 달리기를 시작했습니다.
첫발을 떼던 날엔 좌절했습니다.
그다음 달릴 땐 서툴렀지만 묘하게 마음이 가벼워졌죠.
세 번, 네 번… 호흡이 조금씩 편해지고, 다리가 덜 무거워지더니,
100번쯤 달렸을 때 다른 사람이 되어 있었습니다.

처음엔 단지 다시 일어서고 싶었을 뿐입니다.
그런데 100번의 달리기는
움직이지 않던 저를 '살아 있는 사람'으로 만들었고,
제 자신을 다시금 믿게 할 이유를 찾아주었죠.
그렇게 시작된 100번은 어느새 13년이 되었습니다.
저는 매일 조금씩 앞으로 나아가며

예전과는 다른 삶을 살고 있습니다.
그래서 이 책을 쓰기로 했습니다.
달리기를 '잘하는 법'이 아니라,
달리기를 '삶에 들이는 법'을 나누고 싶어서죠.

달리기로 만든 습관이 어떻게 인생을 바꾸는지
제 경험을 당신에게 건네고 싶습니다.

왜 '러닝 챌린지 100'일까?

많은 사람들이 이렇게 말합니다.
"운동해야지."
"이번엔 진짜 시작해야지."

하지만 마음처럼 잘되지 않죠.
이유는 단순합니다. 너무 거창하게 시작하기 때문입니다.

저는 기록도 속도도 시간도 중요하지 않다고 봅니다.
처음엔 단 5분이어도 괜찮아요.
핵심은 오래 달리는 것이 아니라, 꾸준히 움직이는 것이니까요.

그래서 '100번의 달리기'가 중요합니다.
거리나 속도를 따지는 대신, '횟수'를 쌓아가는 것.
100이라는 숫자 안에는 기록보다 중요한
삶의 리듬과 지속의 힘이 담겨 있습니다.

어떻게 시작하면 좋을까?

"어떻게 하면 포기하지 않고 달릴 수 있을까?"
"어떻게 하면 내 삶 속에 달리기를 자연스럽게 녹여낼 수 있을까?"

답은 의외로 단순합니다.
작게 시작해서 자주 하는 것.

처음 10일은 '습관화'에 집중합니다.
다음 10일은 기초 체력을 다지고,
그다음 30일은 '꾸준함'을 지키는 시간,
마지막 50일은 '도전'의 시간입니다.

이 책은 달리기 실력이 비약적으로 느는 법을 알려주진 않습니다.
대신 달리기를 삶 속에 심는 법을 함께 찾아갑니다.

매일 조금씩 달려가다 보면,
어느새 10km를 달리고,
언젠가 하프 마라톤의 결승선을 통과하는 순간을 만나게 될 것입니다.
풀 마라톤이 결코 꿈이 아니게 될 수도 있죠.
그 길을, 저는 당신과 달릴 것입니다.

당신이 얻게 될 것

100번의 달리기를 하는 동안 당신은
기록보다 감정을 더 오래 기억하게 될 것입니다.

힘들어도 끝내고 나면 개운했던 순간,
무기력했지만 뛰고 나니 살아 있다는 걸 느꼈던 순간.
그 기억들이 모여 결국 다시 살아 움직이게 만들었다는 사실을요.

100번의 달리기가 끝날 즈음, 당신은
매일을 움직이며 살아가는 사람,
스스로를 믿고 아끼는 사람,
그리고 무엇보다 멈추지 않고 나아가는 사람이 되어 있을 거예요.

이 책은 그 여정의 시작점입니다.

이제, 첫발을 내디뎌봅시다.
100번의 기적이 시작됩니다.

차례

프롤로그   **100번의 달리기가 중요한 이유**   04

러닝 챌린지 100, 미션   12

1~10번째 달리기   **달리기를 '습관'으로 만들기**   14

이유가 없다면 성공할 확률도 없다 • 1km도 버겁다면? 걷기부터 시작하자 • 내가 달리기를 시작한 이유 • 달리기 전 필수! 제대로 된 워밍업 루틴 • 달리기를 결심했다는 것은 • 초보 러너를 위한 가장 쉬운 호흡법 • 작심삼일에 대한 오해 • 숨차지 않는 페이스 조절법 • 러너들이 가장 많이 하는 실수 5가지 • 내게 맞는 착지법은? • `Check out` 1~10번째 달리기 점검하기 • `Interview` 나를 이기는 법: 러너 김형모

11~20번째 달리기   **자신감 및 기초 체력 강화하기**   40

"언젠가 달려야지"가 습관인 사람들 • 나만의 부상 대처법 • 달릴 때만 운동? 쉬는 것도 훈련이다 • 러너가 꼭 챙겨야 할 스트레칭 4가지 • 오늘의 1km가 인생에 미치는 영향 • 속도를 높이고 싶다면 이렇게 하라 • 달리기는 '회복'의 시스템을 만드는 일이다 • 내게 맞는 러닝화를 찾는 법 • 의지보다 환경이 중요한 이유 • 올바른 팔치기로 더 적게 힘 쓰는 법 • `Check out` 11~20번째 달리기 점검하기 • `Interview` 나만을 위한 드라마: 러너 김희복

21~30번째 달리기
15분 & 30분 연속 달리기 완성하기
66

출발선에 섰다면, 이미 반은 해낸 것이다 • 힘이 빠질 때 다시 집중하는 방법 • 하루의 첫 1km가 자기 효능감을 만든다 • 발목에 묵직함이 느껴질 때 체크해야 할 것들 • 달리기는 자신과의 약속을 지키는 연습 • 페이스 조절이 어려운 러너를 위한 팁 • 달리기가 내 삶의 리듬을 바꿔놓았다 • 달리기를 습관으로 만드는 가장 쉬운 방법 • 달리기도 인생도 한 번에 바뀌지 않는다 • 초보 러너가 가장 많이 하는 착각 3가지 • `Check out` 21~30번째 달리기 점검하기 • `Interview` 달리기는 내 삶의 페이스메이커: 러너 이수진

31~40번째 달리기
3km & 5km 달리기 도전하기
92

내 삶을 바꾼 100번의 달리기 • 러너들이 자주 쓰는 달리기 용어 • 나를 속이면 조금 더 달릴 수 있다 • 러너가 알아야 할 내리막 달리기 기술 • 나를 재정의하는 시간 • 달리기 전 해야 할 준비 루틴 3가지 • 달리기가 가르쳐준 '포기하지 않는 법' • 정말 달리기 싫은 날, 어떻게 극복할 것인가? • 달리기가 끝난 후에 찾아오는 것 • 비 오는 날에도 달리는 이유 • `Check out` 31~40번째 달리기 점검하기 • `Interview` 113kg에서 시작된 변화의 여정: 러너 박경식

41~50번째 달리기
30분 & 60분 연속 달리기 완성하기
118

달리기는 내게 주는 최고의 선물 • 혼자 달리기와 같이 달리기 • 생각을 정리하는 가장 좋은 방법 • 상체 흔들림을 최소화해야 하는 이유 • 내가 통제할 수 있는 것과 없는 것 • 달리기가 숙면을 방해한다? • 달리기를 하면 두려움이 사라진다 • 심박수를 활용한 훈련 방법 • '완벽하지 않음'이 가진 완벽함 • 체중 감량 효과를 극대화하는 달리기 • `Check out` 41~50번째 달리기 점검하기 • `Interview` 보이지 않아도 달릴 수 있다: 러너 선지원

51~60번째 달리기 — 5km & 10km 달리기 도전하기 — 144

고통은 영원하지 않다 • 5km에서 10km로 가는 가장 쉬운 루틴 • 달리기가 인생과 닮았다는 말 • 여름철 러닝을 위한 팁 • 달리기는 경쟁이 목적인 운동이 아니다 • 겨울철 러닝을 위한 팁 • 달리기는 오늘을 살아냈다는 증거 • 아침 vs. 저녁, 언제가 좋을까?_아침 러닝 • 달리는 순간만큼은 삶이 단순해진다 • 아침 vs. 저녁, 언제가 좋을까?_저녁 러닝 • `Check out` 51~60번째 달리기 점검하기 • `Interview` 달리기로 다시 살아가기: 러너 강재식

61~70번째 달리기 — 45분 & 90분 연속 달리기 완성하기 — 170

내가 아닌 '누군가'를 위해 뛴다는 것 • 몰입감을 알려주는 템포런 • 나도 모르게 달리기를 사랑하게 된 순간들 • 나만 너무 느린 거 아닐까? • 마라톤을 완주한 사람들이 공통적으로 하는 말 • 달리기를 잘하고 싶다면 이 근육을 강화하라 • 오늘도 달리기를 선택한 당신에게 • 언덕 훈련이 필요한 이유와 방법 • 달리기가 인생을 바꾸는 가장 강력한 방법인 이유 • 달리기가 무릎에 안 좋다는 말, 사실일까? • `Check out` 61~70번째 달리기 점검하기 • `Interview` 나를 살게 한 달리기: 러너 강기향

71~80번째 달리기 — 8km & 15km 달리기 도전하기 — 196

달리기 전에는 결코 몰랐던 달리기의 장점 10가지 • 달리기가 무릎에 부담이 되는 경우 • 달리기를 하면 몸도 인생도 가벼워진다 • 달리기에서 리듬감이 중요한 이유 • "운동할 시간이 없다"고 말하는 사람들에게 • 지면 반발력을 활용해보자 • 과거의 내가 지금의 나를 본다면? • 달리고 나서 몸이 붓는 이유와 해결법 • 달리다 마주친 낯선 풍경 • 달리기 전 커피 한 잔, 약일까 독일까? • `Check out` 71~80번째 달리기 점검하기 • `Interview` 나는 그냥 달린다: 러너 김현경

81~90번째 달리기

대회를 위한 영양 보충 및 컨디션 조절하기 — 222

'계획 없음'을 계획하기 • 러너에게 도움이 되는 음식 • 같은 길을 다르게 달리는 방법 • 걷기 훈련, 정말 필요할까? • 거울 속 나에게 건네는 한마디 • 달리기를 시작하고 덜 먹게 된 음식 • 런태기가 왔다는 것은… • 왜 자세가 늘 무너질까? • 스스로를 다시 존중하는 법을 일깨워준 달리기 • 끈 묶는 법 하나로 달리기가 달라진다 • `Check out` 81~90번째 달리기 점검하기 • `Interview` 목표 수단에서 한층 더 깊어진 이유로: 러너 이우형

91~100번째 달리기

10km 마라톤 & 하프 마라톤 도전하기 — 248

10km 완주가 끝이 아닌 시작이 되길 • 화장실 습관의 중요성 • 가끔은 딱 '1km'만 달리기로 한다 • 나만의 러닝 플레이리스트가 필요한 이유 • 슬럼프 극복을 위한 일상의 루틴 • 첫 대회에 임하는 자세 • 러닝화는 단지 '운동화'가 아니다 • 대회 당일, 체크 포인트! • 기록은 지우고 감각을 켜라 • 나를 위한 의식 • `Check out` 91~100번째 달리기 점검하기

러닝 챌린지 100, 미션

회차	미션
1~10번째 달리기	달리기를 '습관'으로 만들기
11~20번째 달리기	자신감 및 기초 체력 강화하기
21~30번째 달리기	15분&30분 연속 달리기 완성하기
31~40번째 달리기	3km&5km 달리기 도전하기
41~50번째 달리기	30분&60분 연속 달리기 완성하기
51~60번째 달리기	5km&10km 달리기 도전하기
61~70번째 달리기	45분&90분 연속 달리기 완성하기
71~80번째 달리기	8km&15km 달리기 도전하기
81~90번째 달리기	대회를 위한 영양 보충 및 컨디션 조절하기
91~100번째 달리기	10km 마라톤&하프 마라톤 도전하기

1분도 달리기가 버거운 초보 러너부터 아직 10km 달리기가 버거운 러너, 하프 마라톤 도전을 목표로 준비 중인 러너를 위한 프로그램입니다. 100번만 달리면 누구나 10km에서 하프 마라톤(21.0975km)까지 무리 없이 완주가 가능하도록 목표를 설정했습니다. 포인트는 몸과 마음에 무리 없이 꾸준하게 입니다.

각 회차의 미션을 차근차근 달성해보고, 매 회차가 끝나는 〈점검하기〉에서 그간의 미션 달성 정도를 점검해봅시다.

포인트

- 주 3~4회, 거리보다는 시간을 정해서 달리기
- [걷기(5분)] + [천천히 달리기(2~3분)] 반복. 약 30분

- 걷기 시간을 줄이고 달리기 시간을 상대적으로 늘리기
- [걷기(2~3분)] + [천천히 달리기(5~10분)] 반복. 약 30분

- [걷기(5분)]로 워밍업 후, 달리기 시간을 최소 15분까지 늘려보기
- 달리기 시간을 서서히 늘려서 30분 도전

- 거리 채우기 도전
- 1km부터 순차적으로 거리 늘리기

- 걷는 시간은 최소화하고 연속 달리기 30분부터 도전

- 거리 채우기 도전
- 5km부터 순차적으로 거리 늘리기

- 45분 연속 달리기 도전
- 60분 연속 달리기가 가능하면 달리는 시간을 10분씩 늘려보기

- 순차적으로 거리 늘리기

- 달리기 전후 양질의 영양 보충
- 회복 시간 충분히 확보하기

- 오늘의 도전이 새로운 시작임을 알기

1~10번째 달리기

"나는 다리로 달리는 것이 아니라 마음과 정신으로 달린다."

엘리우드 킵초게 (마라토너, 올림픽 금메달리스트)

달리기를 '습관'으로 만들기

1 이유가 없다면 성공할 확률도 없다

달리기를 왜 시작하려고 하는가?

어떤 일을 시작할 때 '왜' 하려고 하는지가 정말 중요하다. 달리기도 마찬가지다. 당신은 왜 달리기를 시작하려 하는가? 누군가는 건강을 위해, 누군가는 살을 빼기 위해, 또 다른 누군가는 삶의 변화를 위해 러닝화를 신는다. 처음에는 아무리 단순한 이유일지라도 그 이유가 분명하면 쉽게 포기하지 않는다.

"이제는 운동을 할 때가 된 것 같아서…" 같은 막연한 의무감이 아니라 "3개월 안에 10kg을 감량할 거야", "올해는 10km 완주 메달을 목에 걸 거야", "스트레스나 고민을 해소할 나만의 취미를 만들 거야" 같은 구체적인 목표를 세우면 성공에 좀 더 가까워질 수 있다.

처음엔 달리는 게 힘들 수도 있다. 숨이 차고 다리도 무겁고 '대체 왜 이걸 하고 있지?' 의구심이 들 수도 있다. 하지만 그때 처음 달리기를 결심했던 이유를 떠올려보자. 그 이유가 분명하다면, 다시 한 걸음을 내디딜 수 있을 것이다.

지금 이 글을 읽고 있는 당신은 달리기를 시작하려고 마음먹었다. 달리기에 앞서 어떤 이유로 달리기를 결심했는지, 또 달리기를 통해 이루고 싶은 구체적인 목표는 무엇인지 적어보자. 그 몇 줄의 문장이 당신을 앞으로 나아가게 만들 것이다.

오늘의 목표

일시   /   /
날씨   ☼   ☁   ☂   ❄

달리기 전 체크포인트

수면   시간
체력 컨디션   ○----○----○----○----○
기분 컨디션   ○----○----○----○----○

오늘의 달리기

코스   도로   트랙   공원   산/언덕
거리   km
소요 시간   시간
평균 페이스   min/km

달리며 좋았던 점

다음에 도전·적용할 점

오늘의 생각

---

2   1km도 버겁다면? 걷기부터 시작하자

달리겠다고 마음은 먹었지만, 막상 1km 달리기도 힘든 게 대부분의 입문자들이 겪는 현실이다. 하지만 안심해도 좋다. 달리는 매 순간 같은 속도로 달리지 않아도 괜찮으니.

처음에는 '걷기부터 한다'는 마음으로 나가보자. 걷기는 다리에 부담을 덜 주면서도 달리기 위한 근육을 활성화하는 좋은 방법이다. 하지만 걷기만으로는 부족하다. 걷는 사이사이 아주 짧은 달리기를 섞어주면, 몸이 자연스럽게 달리기에 적응하기 시작한다.

방법은 간단하다. 달리다 숨이 차면 걷고, 호흡이 좀 안정되면 다시 짧게 달린다. 자신의 리듬에 맞춰 걷기와 달리기를 반복하면 훨씬 효과적이다. 이를 통해 심폐지구력을 점진적으로 높이고, 다리 근육과 관절도 무리하지 않고 발달시킬 수 있다. 처음부터 긴 거리를 달리거나 오래 달리려 애쓰지 말자.

무엇보다 꾸준한 반복이 중요하다. 처음에는 10분간 걸으며 몸을 깨운 뒤 단 30초간의 달리기를 섞어주는 것만으로도 충분하다. 그렇게 점차 몸이 익숙해지면 달리는 시간을 늘려가자. 이렇게 하면 어느 순간 1km가 더는 버겁지 않은 거리가 되어있을 것이다. 긴 거리에 대한 욕심은 잠시 뒤로해도 좋다. 필요한 건, 오늘 첫걸음을 떼는 일뿐이다.

오늘의 목표

일시   /   /
날씨   ☀   ☁   🌧   ❄

달리기 전 체크포인트

수면   시간
체력 컨디션   ○----○----○----○----○
기분 컨디션   ○----○----○----○----○

오늘의 달리기

코스   도로   트랙   공원   산/언덕
거리   km
소요 시간   시간
평균 페이스   min/km

달리며 좋았던 점

다음에 도전·적용할 점

오늘의 생각

---

3 내가 달리기를 시작한 이유

나는 '살아야겠다'는 절실함 때문에 달리기 시작했다. 몸과 마음이 무너지던 날이 계속되던 때였다. 그렇다고 뭔가를 도모할 수 있는 상태도 아니어서 무작정 달려보기로 했다.

처음에는 그냥 뛰었다. 어떤 날은 10분 뛰다 멈췄고, 어떤 날은 예상보다 멀리까지 가버리기도 했다. 그러나 거리는 중요하지 않았다. 달린다는 행위 자체가 나를 움직이게 만들었다.

아주 느린 속도로라도, 어쨌든 앞으로 나아가고 있다는 것. 그 사실 하나가 그날의 나를 지탱해주었다.

이제는 달리기가 내 삶에 단단히 자리 잡았다. 새로운 하루를 시작하는 방식이 되었고, 또 한 번 잘 버텨낸 하루를 마무리 짓는 기준이 되었다. 달리기를 한다고 해서 인생이 갑자기 괜찮아지진 않는다. 하지만 적어도 뭔가가 조금씩 바뀌고 있다는 감각은 남는다. 어제보다 숨이 덜 차고, 처음보다 훨씬 멀리 와 있는 나를 발견하기도 한다. 그 변화는 아주 미미하고 때로는 눈에 보이지 않을 정도로 느리지만, 확실한 것은 멈추지만 않는다면 결국 바뀐다는 것이다.

오늘의 목표

일시   /   /
날씨   ☀ ☁ 🌧 ❄

달리기 전 체크포인트

수면   시간
체력 컨디션   ○----○----○----○----○
기분 컨디션   ○----○----○----○----○

오늘의 달리기

코스   도로   트랙   공원   산/언덕
거리   km
소요 시간   시간
평균 페이스   min/km

달리며 좋았던 점

다음에 도전·적용할 점

오늘의 생각

---

4 달리기 전 필수! 제대로 된 워밍업 루틴

많은 러너들이 아무런 준비 없이 바로 달리는 경우를 심심찮게 본다. 심지어 놀라운(?) 속도로 달리는 경우도 많다. 제대로 된 워밍업 없이 속도를 높여 달리는 것은 자동차를 예열하지 않고 고속 주행하는 상황과 비슷하다. 몸이 충분히 풀리지 않으면 오래 달리지 못하고 멈출 확률이 높아지고 부상을 당하기 쉽다.

워밍업의 목표는 단순하다. 몸을 일깨우고, 관절과 근육을 부드럽게 풀어주며, 심박수를 서서히 올리는 것. 이를 위해 몸의 체온을 살짝 올려주는 몇 가지 동적 스트레칭을 추천한다.

> 첫째, 힐킥. 뒤꿈치를 엉덩이에 닿게 차면서 가볍게 제자리 뛴다.
> 둘째, 레그스윙. 다리를 앞뒤, 좌우로 흔들어 햄스트링과 고관절을 풀어준다.
> 셋째, 스킵. 무릎을 높이 들면서 가볍게 뛴다.
> 넷째, 런지워크. 런지 자세로 한 발씩 앞으로 내디디며 이동한다.
> 다섯째, 하이니. 무릎을 빠르게 들어 올리며 제자리 뛴다.

이 과정을 약 5~10분 정도 실시하면 몸이 한결 가벼워지고, 첫걸음부터 부드럽게 움직일 수 있다. 제대로 된 워밍업은 달리기를 더 즐겁고 안전하게 만들어준다.

오늘의 목표

| 일시 | / | / |
| 날씨 | ☀ ☁ 🌧 ❄ |

달리기 전 체크포인트

수면   시간

체력 컨디션   ○----○----○----○----○

기분 컨디션   ○----○----○----○----○

오늘의 달리기

코스   도로   트랙   공원   산/언덕

거리   km

소요 시간   시간

평균 페이스   min/km

달리며 좋았던 점

다음에 도전·적용할 점

오늘의 생각

5 달리기를 결심했다는 것은

한때 러닝화를 신기가 두려운 적이 있다. 내가 하기로 선택한 행위였음에도 달리기를 한다는 게 마치 스스로 '변화를 결심한 사람'이라는 꼬리표를 매다는 일인 듯해 압박감을 느꼈다. 그래서 결심을 제대로 실행하기까진 1년이나 걸렸다.

처음 달려보기로 마음먹었을 때 '지금이 아니면 영영 안 하게 될지도 몰라'라는 마음과 '굳이 그게 지금이어야 하나?'라는 마음이 실랑이를 벌였다. 하지만 더 물러설 곳이 없었다(사실 그날도 러닝화 끈을 두 번이나 묶었다가 풀었다).

일단 생각을 멈추고 나가보기로 했다. 그날 달린 거리는 1km도 채 되지 않았다. 하지만 그것은 내 인생을 조금이라도 바꿔보려 했던, 나 자신에게 건네는 첫 번째 질문이었다.

"이 1km가, 내 삶을 바꾸는 시작이 될 수 있을까?"

그날 이후로 달리기는 천천히 삶에 스며들었다. 달리는 순간순간 질문에 대한 대답이 명확하게 떠올랐다.

나는 대단한 변화를 결심한 사람이 아니다.

그저 지금 여기서 나답게 살아가려는 사람이다.

달리기는 나를 다그치지도 시험하지도 않았다. 빠를 필요도 멋질 필요도 없었다. 조금 더 앞으로 나아가보자는 의지만 있으면 됐다. 그 마음 하나면 충분했다. 어쩌면 달리기를 결심했다는 것은 내 삶을 도망치지 않고 마주하겠다는 조용한 선언인지도 모르겠다.

오늘의 목표

일시　　　　　/　　　/
날씨　　☀︎　☁︎　☂︎　❄︎

달리기 전 체크포인트

수면　　　　　　　　　　　시간
체력 컨디션　○----○----○----○----○
기분 컨디션　○----○----○----○----○

오늘의 달리기

코스　　　도로　트랙　공원　산/언덕
거리　　　　　　　　　　　km
소요 시간　　　　　　　　　시간
평균 페이스　　　　　　　min/km

달리며 좋았던 점

다음에 도전·적용할 점

오늘의 생각

---

6 초보 러너를 위한 가장 쉬운 호흡법

"어떻게 호흡해야 할까?" 많은 러너들이 하는 고민이다. 하지만 걸을 때 호흡을 의식하지 않듯, 달릴 때도 굳이 호흡을 신경 쓰지 않아도 된다는 게 내 생각이다. 중요한 것은 자연스럽게, 편안하게 호흡하는 것. 처음엔 이조차도 쉽지 않겠지만, 숨이 찬다고 해서 일부러 숨을 깊이 들이마시거나 일정한 패턴을 맞추려고 애쓰지 않아도 괜찮다. 호흡에 신경을 쓰다 보면 오히려 불필요하게 긴장되고, 달리기가 더 힘들어진다.

한 가지 주의할 점은 있다. 입을 너무 크게 벌리고 숨을 쉬면 입안이 금방 건조해져 목이 더 자주 마른다. 따라서 ==입과 코를 함께 사용한다는 느낌 정도만 유지하고, 입으로만 호흡하더라도 힘을 빼고 부드럽게 숨 쉬면 좋다.==

물론 달리는 거리가 늘고 좀 더 좋은 퍼포먼스를 내고 싶다는 바람이 드는 시점에서는 체계적인 호흡법을 연습하면 도움이 된다. 선수들은 보통 '2:2 호흡법(두 걸음 동안 들이마시고, 두 걸음 동안 내쉬기)'이나 복식 호흡을 활용해 더 효율적으로 달린다. 하지만 우리는 선수가 아니므로 호흡법에 집착하지 않아도 괜찮다는 걸 다시 한 번 강조하고 싶다.

가장 좋은 호흡법은 '내 몸이 편한 호흡'이다. 달리기를 어렵게 만드는 요소를 하나씩 걷어내고, 그저 편하게 숨 쉬면서 달려보자. 그것만으로도 당신은 이미 잘 달리고 있는 것이다.

오늘의 목표

일시 　　　　/　　　/
날씨 　☼　☁　☂　❄

달리기 전 체크포인트

수면 　　　　　　　　　시간
체력 컨디션 　○----○----○----○----○
기분 컨디션 　○----○----○----○----○

오늘의 달리기

코스 　　　도로　트랙　공원　산/언덕
거리 　　　　　　　　　　km
소요 시간 　　　　　　　시간
평균 페이스 　　　　　　min/km

달리며 좋았던 점

다음에 도전·적용할 점

오늘의 생각

---

7 작심삼일에 대한 오해

작심삼일이 정말 나쁜 걸까? 많은 사람들이 단단히 먹은 결심을 고작 3일도 유지하지 못하고 포기하는 자신을 탓한다. "나는 의지가 약해", "역시 난 안 돼". 달리기도 마찬가지다. 처음에는 열정적으로 시작한다. 그러다 피곤하거나 바쁘다는 이유로 하루이틀 건너뛰고 어느새 도전했었다는 사실조차 까맣게 잊어버리고 만다.

하지만 생각해보자. 작심삼일이 반복된다면?

다시 시작한 횟수만큼 당신은 도전한 것이다.

달리기를 오래 해온 사람들조차도 늘 꾸준할 수는 없다. 나 역시 수많은 작심삼일을 겪었다. 하지만 그때마다 자책 대신 또 한 번 러닝화를 신고 나섰고, 그 반복이 지금의 나를 만들었다. 잠시 멈춘 뒤에 다시 시작하는 것이 영영 안 하는 것보다 훨씬 낫다.

그러니 자책하지 말자. 3일 만에 포기했더라도 다시 시작하면 된다. 다시 시작할 용기만 있다면 당신은 이미 절반은 성공한 것이다.

오늘의 목표

일시   /   /
날씨   ☀ ☁ 🌧 ❄

달리기 전 체크포인트

수면   시간
체력 컨디션   ○----○----○----○
기분 컨디션   ○----○----○----○

오늘의 달리기

코스   도로 트랙 공원 산/언덕
거리   km
소요 시간   시간
평균 페이스   min/km

달리며 좋았던 점

다음에 도전·적용할 점

오늘의 생각

---

8 숨차지 않는 페이스 조절법

달리기를 할 때 가장 힘든 순간은 숨이 턱끝까지 차오르고, 더 이상 한 걸음도 내딛기 어려울 때다. 많은 러너들이 이를 운동 부족 혹은 폐활량 부족 때문이라고 여기지만 사실 대부분의 원인은 페이스 조절 실패에 있다.

처음부터 너무 빠른 속도로 달리면 당연히 숨이 차고, 지쳐서 오래 달릴 수 없다. "어? 그렇게 빨리 달리지 않았는데?"라고 생각할 수 있지만 바로 그 속도가 지금의 당신에게는 무리한 수준일 수도 있음을 명심하자. 달리기를 좀 더 오래, 그리고 편하게 즐기고 싶다면 페이스 조절이 가장 중요하다.

그러면 어떤 페이스를 기준으로 삼으면 좋을까? ==가장 직관적으로 판단하는 방법은 달리면서 편안하게 대화가 가능한 속도를 유지할 수 있는지 아닌지다.== 만약 숨이 너무 가쁘다면 지금의 당신에겐 속도가 너무 빠른 것이다. ==달리면서 무리 없이 〈애국가〉를 부를 수 있을 정도가 적절한 페이스다.== 그래도 숨이 차면 속도를 줄이거나 걷기로 전환해 조절한다.

특히 첫 5분에서 10분 정도는 좀 더 느리게 달린다. 그러다 몸이 풀리면 천천히 속도를 올려간다. 오래 달리는 것이 목표라면 처음엔 최대한 페이스를 낮춰보자.

이런 연습을 꾸준히 하면 머지않아 페이스 조절에 익숙해지고, 체력이 올라가면서 숨이 차는 구간이 점점 늦게 찾아올 것이다. 좋은 러너는 빠른 속도가 아니라 꾸준한 속도가 만든다.

오늘의 목표

일시   /   /
날씨   ☀   ☁   🌧   ❄

달리기 전 체크포인트

수면   시간
체력 컨디션   ○----○----○----○----○
기분 컨디션   ○----○----○----○----○

오늘의 달리기

코스   도로   트랙   공원   산/언덕
거리   km
소요 시간   시간
평균 페이스   min/km

달리며 좋았던 점

다음에 도전·적용할 점

오늘의 생각

---

9 러너들이 가장 많이 하는 실수 5가지

달리기는 얼핏 간단해 보이지만, 시작한 지 얼마 되지 않았을 때 흔히 하는 실수로 인해 부상을 입거나 금방 흥미를 잃기도 한다. 러너들이 자주 하는 5가지 실수를 알아보고 더 즐겁게 달리는 방법을 찾아보자.

첫째, 무리하게 속도를 낸다. 의욕이 앞서 처음부터 빠르게 달리면 금방 지친다. 가볍게, 짧은 거리부터 시작하자.

둘째, 휴식 없이 매일 달린다. 휴식도 훈련의 일부다. 몸이 회복할 시간을 확보하려면 매일 달리기보다는 주 3~4회 달리자.

셋째, 준비 운동과 정리 운동을 생략한다. 달리기 전 동적 스트레칭, 달린 후 정적 스트레칭을 5분 이상은 하여 부상을 예방하자.

넷째, 몸의 신호를 무시한다. 통증이나 피로 등을 무시하고 계속 달리면 부상으로 이어질 수 있다. 약간이라도 몸에 불편한 느낌이 들면 하루이틀은 쉬자.

다섯째, 뚜렷한 목표가 없다. 목표 없이 달리다 보면 쉽게 포기하게 된다. '첫 5km 완주하기', '한 달에 10번 달리기' 등 작고 구체적인 목표를 세워보자.

오늘의 목표

일시　　　　　/　　　/
날씨　　☼　　☁　　☂　　❄

달리기 전 체크포인트

수면　　　　　　　　　　시간
체력 컨디션　○----○----○----○----○
기분 컨디션　○----○----○----○----○

오늘의 달리기

코스　　　도로　트랙　공원　산/언덕
거리　　　　　　　　　　km
소요 시간　　　　　　　시간
평균 페이스　　　　　　min/km

달리며 좋았던 점

다음에 도전·적용할 점

오늘의 생각

10 내게 맞는 착지법은?

많은 러너들이 달리기 시작한 지 얼마 안 돼 무릎이나 발목, 종아리 통증을 경험한다. '착지법이 잘못된 건가?'라는 생각에 여기저기 검색해 봐도 사람들마다 의견이 다 달라서 뭐가 맞는지 더 헷갈린다.

흔히 미드풋(발의 중앙) 착지가 좋다고 알려져 있지만, 모든 사람에게 꼭 맞는 정답은 아니다. 누군가는 미드풋이 편하고, 다른 누군가는 보다 자연스러운 힐스트라이크(뒤꿈치) 착지가 맞을 수 있다. 사람마다 생김새가 다르듯 몸의 구조가 다 다르기 때문이다. 내 경우는 오른쪽 다리가 왼쪽보다 약간 짧다. 그러다 보니 오른발과 왼발의 착지점이 차이가 난다. 이걸 고쳐보려고 착지법에 신경 쓰던 시절이 있었는데, 그때마다 더 많이 다치곤 했다. 이후로는 '발이 닿는 대로 편하게 하자'라고 생각을 고쳐먹었더니 오히려 부상이 줄었다.

착지에 관해서라면 두 가지만 기억하자. 발이 몸보다 너무 앞쪽에 착지하지 말 것, 착지할 때 쿵쿵 소리가 나지 않도록 부드럽게 땅을 밟을 것, 또한 보폭을 너무 넓히면 무릎에 큰 하중이 실리므로 자신의 키와 속도에 맞는 편안한 보폭을 유지하자.

이 정도만 기억하고 내 발이 자연스럽게 닿는 착지점을 찾아보자. 이와 함께 달리는 자세에 조금 더 신경을 써보자. 팔은 가볍게 90도 정도 구부린 다음 자연스럽게 허리춤을 지나도록 힘을 빼고 흔든다. 어깨에 너무 많은 힘이 들어가지 않게, 필요 이상으로 팔을 흔들지 않게 주의하자.

오늘의 목표

일시   /   /
날씨 ☀ ☁ 🌧 ❄

달리기 전 체크포인트

수면   시간
체력 컨디션   ○----○----○----○
기분 컨디션   ○----○----○----○

오늘의 달리기

코스   도로   트랙   공원   산/언덕
거리   km
소요 시간   시간
평균 페이스   min/km

달리며 좋았던 점

다음에 도전·적용할 점

오늘의 생각

Check out

1~10번째 달리기 점검하기

그간의 달리기는 어떠셨나요?
10번의 달리기를 돌아보며 전반적으로 어떠했는지 점검해봅시다.

1	달리기 전 충분히 워밍업을 했는가?	○----○----○
2	달리는 동안 내 몸이 어떤지 주의를 기울였는가?	○----○----○
3	무리하지 않고 페이스를 조절했는가?	○----○----○
4	달린 후 충분히 스트레칭을 했는가?	○----○----○
5	달린 후 그날의 달리기를 충분히 돌아봤는가?	○----○----○
6	미션 달성 수준은 전반적으로 어떠한가?	○----○----○

10번 달린 후의 변화		다음 10번의 달리기 목표	
누적 거리	km	누적 거리	km
체중	kg	체중	kg

Interview

나를 이기는 법

러너 김형모

김형모 러너는 한때 몸과 마음 모두 극한으로 향하던 시기를 지났다. 로스쿨 3년, 그리고 변호사 시험을 준비하는 동안 운동과는 완전히 단절된 삶을 살았고, 변호사가 된 이후에도 바쁘다는 핑계로 건강을 방치했다. 결국 통풍이 왔고, 고혈압과 당뇨 같은 대사질환에 노란불이 켜졌다.
그런 그에게 결정적인 변화의 계기는 아내의 한마디였다. "건강한 상태에서 아이를 갖는 것이 좋지 않을까?" 아내의 조심스러운 제안으로 시작된 달리기는 단순한 운동을 넘어 삶의 전환점을 만들어냈다.

왜 달리기를 시작하게 됐나요?

3년 동안 로스쿨을 다니고, 변호사시험을 준비하며 운동과는 담을 쌓고 살았습니다. 변호사가 된 후에도 업무 때문에 바쁘다는 이유로 운동을 하지 않았어요. 결국 통풍에 걸려 고혈압, 당뇨 등 대사질환이 코앞까지 다가올 정도로 몸이 망가졌죠. 아이를 원하는 아내의 바람에도 불구하고 제 몸은 아빠가 될 준비가 되어 있지 않았고 건강한 상태에서 아이를 갖는 것이 좋지 않겠냐는 아내의 권유에 달리기를 시작했습니다.

처음 러닝화를 신었을 때, 어떤 마음이었나요?

당장이라도 10km를 뛸 수 있을 것 같았어요. 실은 1km도 뛰지 못하던 몸 상태였는데 말이죠. 러닝화를 신었다는 자체만으로 마음은 이미 러너였죠. 달리기를 시작하고 4주 만에 '10km 완주'는 현실이 되었고, 지금은 풀 마라톤 완주를 새로운 꿈으로 삼고 있습니다.

달리기를 하고서 가장 먼저 어떤 변화가 찾아왔나요?

신체적으로는 살이 정말 많이 빠졌습니다. 달리기를 처음 시작했을 시점보다 약 20kg 가까이 빠졌죠. 살이 빠지니 자연스럽게 자신감도 올라갔습니다. 오랜만에 보는 사람들마다 "멋있어졌다", "얼굴이 좋아 보인다"와 같은 말씀을 해주시니, 이전에는 잘 찍지 않던 사진도 더 자주 찍게 됩니다.

가장 힘들었던 시기, 달리기는 당신에게 어떤 의미였나요?

변호사로서 일하다 보면 승소의 기쁨이 있기도 하지만, 필연적으로 패소의 무거움을 감당해야 하는 순간들이 있는데요. 의뢰인분들은 괜찮다, 고맙다고 말씀해주셔도 담당 변호사로서 느끼는 좌절감 또는 죄책감이 제 일상을 고통스럽게 하는 경우도 있습니다. 이런 일들로 유독 힘든 날에는 달리면서 안 좋은 기억이나 감정을 잊으려고 합니다. 영화 〈맨인블랙〉에 기억을 지우는 '뉴럴라이저'라는 기구가 나오는데요. 제게 달리기는 안 좋은 기억이나 감정을 지워주는 뉴럴라이저 역할을 해주는 것 같습니다.

당신에게 달리기는 한 단어로 뭐라고 정의할 수 있을까요?

제게 달리기는 '사계절' 같습니다. 지금껏 살아오며 겪었던 사계절은 단 한 번도 똑같은 모습을 한 적이 없었는데요. 달리기도 매번 뛸 때마다 새롭고, 다른 느낌을 줍니다. 불과 어제까지만 해도 숨이 넘어갈 듯 힘들었는데, 오늘은 하루 종일 달릴 수 있을 것 같은 기분이 들기도 하거든요. 또 몇 번의 사계절이 지나면 아기가 어린이가 되고, 어린이는 어른이 되듯이, 달리기를 통해 러너로서의 성장은 물론 인격적 성장이 함께 이루어지고 있다는 생각을 많이 합니다. 여기에 덧붙이면, 사계절이 어서 지나가길 바란다고 어른이 되진 않는 것처럼 달리기도 순리대로 차근차근 해나가다 보면 저도 더 괜찮은 어른, 더 행복한 러너가 되어 있지 않을까 싶습니다.

달리기를 추천하는 이유는 무엇인가요?

그동안 골프, 테니스, 자전거, 풋살 등 이런저런 스포츠를 취미로 삼으려고 시도했던 사람이지만, 달리기만큼 제 삶을 변화시킨 운동은 없었습니다. 신체뿐만 아니라 정신적인 면에서도요. 혼자 고요한 주로를 달리는 동안엔 정신 수련을 하고 있다는 느낌도 들어요. 다른 운동도 스스로의 한계에 도전하는 측면들이 있긴 하지만, 달리기처럼 오로지 나의 두 다리와 심장만으로 매일 자기 자신을 테스트할 수 있는 운동은 없는 것 같습니다. 건강해지기 위해 운동을 고민 중이시거나, 반복되는 일상에 새로운 자극이 필요하신 분들이라면 오늘 당장이라도 꼭 한번 땀 흘려 뛰어보시길 추천합니다.

11~20번째 달리기

> "인생은 길이가 아니라 깊이다."
>
> **랠프 월도 에머슨(사상가, 시인)**

자신감 및 기초 체력 강화하기

11 "언젠가 달려야지"가 습관인 사람들

"언젠가 달려야지…", "운동 곧 시작할거야". 주변 사람들에게 999번쯤은 들었을 얘기다. 혹은 당신이 곧잘 하는 말이든가. 내가 지켜본 바로는 그렇게 말하는 사람들 대부분에게는 그 '언젠가'는 오지 않는다.

"언젠가 달려야지"라고 말하는 사람과 실제로 달리는 사람에게는 오직 단 하나의 차이만 있을 뿐이다.

출발했는가, 하지 않았는가.

그러나 그 차이가 쌓이면, 전혀 다른 길을 걷게 된다. 달리는 사람은 어느새 그 과정 속에서 변한다. 호흡이 좋아지고, 체력이 늘고, 자기 자신을 신뢰하는 사람이 되어간다. 반면 "언젠가 달려야지"라고 말하는 사람은 여전히 같은 자리에 머무른다.

'언젠가'라는 말을 되뇌기보다 오늘 한번 그냥 해보자.

일단 하면, 몸보다 먼저 바뀌는 건 마음이고, 발보다 먼저 나아가는 건 생각이란 걸 깨닫게 될 것이다.

오늘의 목표

일시   /   /
날씨   ☀   ☁   🌧   ❄

달리기 전 체크포인트

수면   시간
체력 컨디션   ○----○----○----○
기분 컨디션   ○----○----○----○

오늘의 달리기

코스   도로   트랙   공원   산/언덕
거리   km
소요 시간   시간
평균 페이스   min/km

달리며 좋았던 점

다음에 도전·적용할 점

오늘의 생각

12 나만의 부상 대처법

부상은 겪지 않는다면야 당연히 좋겠지만, 겪어도 전혀 이상할 것 없는 필연적 과정이다. 그러므로 부상을 피하는 법을 따지기보다는 부상이 왔을 때 어떻게 대처할지가 관건이다.

부상이 인지되었다면 일단 무리하지 않아야 한다. '좀 더 달려도 괜찮겠지?'라는 생각은 부상을 키우는 지름길이다. ==몸에 무리이다 싶은 통증이 느껴진다면 달리기를 잠시 멈추고, 몸의 상태를 점검하는 것이 좋다.== 그래도 통증이 지속된다면 과감히 접고 돌아와서 며칠간 휴식을 취하며 상태를 살피자. 부상이 커지는 이유는 이런 몸의 신호를 무시한 결과다. 쉬었는데도 나아질 기미가 보이지 않으면 전문적인 조치가 필요하다. 병원 방문을 피하지 말자.

나는 부상이 왔을 때 특히 '먹는 것'과 '자는 것'에 신경을 쓴다. 통증은 몸의 염증에서 비롯된다. 건강한 음식 섭취와 충분한 수면을 통해 몸이 염증을 빠르게 완화하도록 당장 실천할 수 있는 노력을 한다.

달리기를 하고 난 후 회복을 돕는 루틴을 만드는 것도 부상을 예방하는 핵심 중 하나다. 스트레칭 습관을 들이고 폼롤러, 마사지건, 마사지 크림 등을 활용해보자.

오늘의 목표

일시   /   /
날씨   ☀   ☁   🌧   ❄

달리기 전 체크포인트

수면   시간
체력 컨디션   ○----○----○----○----○
기분 컨디션   ○----○----○----○----○

오늘의 달리기

코스   도로   트랙   공원   산/언덕
거리   km
소요 시간   시간
평균 페이스   min/km

달리며 좋았던 점

다음에 도전·적용할 점

오늘의 생각

13 달릴 때만 운동? 쉬는 것도 훈련이다

많은 사람들이 쉬는 날 없이 계속 달려야 운동 효과를 제대로 볼 수 있다고 믿는다. 달리는 것만이 운동이고, 휴식은 게으름이라고 생각하기 때문이다. 하지만 휴식하지 않으면 운동 효과는 되레 떨어진다.

운동 후 근육이 성장하는 순간은 언제일까? 뛸 때가 아니라, 쉴 때다. 우리가 달리는 동안 손상시킨 근육은 휴식하는 동안 회복이 되고 더 강해진다. 즉, 제대로 쉬지 않으면 아무리 열심히 달려도 몸이 망가질 뿐이다. 특히 초보 러너들은 무리해서 매일 달리려는 경향이 있다. "하루라도 쉬면 힘들게 한 각오가 무너질 것 같아서…", "어제 했으니까 오늘 두 배로 달려야지…". 이런 생각이 피로를 쌓이게 하고, 부상을 부른다.

휴식은 선택이 아니라 필수다. 잘 쉬어야 더 멀리, 더 오래 달릴 수 있다. 그러니 죄책감을 갖지 말고 당당하게 쉬자.

나는 그동안 격일 달리기를 추천해왔다. 만약 이틀 연속 달렸다면 적어도 3일 차에는 꼭 쉬어주길 권한다. 한 주 동안 가장 이상적인 달리기 횟수는 4일 정도이며, 3일이어도 괜찮다.

오늘의 목표

일시　　　　/　　　/
날씨　　☼　　△　　☁　　✵

달리기 전 체크포인트

수면　　　　　　　　　　시간
체력 컨디션　○----○----○----○
기분 컨디션　○----○----○----○

오늘의 달리기

코스　　도로　트랙　공원　산/언덕
거리　　　　　　　　　　km
소요 시간　　　　　　　시간
평균 페이스　　　　　min/km

달리며 좋았던 점

다음에 도전·적용할 점

오늘의 생각

---

14 러너가 꼭 챙겨야 할 스트레칭 4가지

달리기 전후에 하면 좋을 간단한 스트레칭 4가지를 소개한다. 벽이나 의자를 잡고 하면 자세를 잡기가 더 쉽다. 스트레칭 습관을 들여 긴장된 근육을 완화시키자.

첫째, 햄스트링(허벅지 뒤쪽 근육) 스트레칭. 바닥에 앉은 자세에서 한쪽 다리를 펴고, 다른 쪽 다리는 구부려 발바닥을 허벅지에 댄다. 편 다리 쪽으로 상체를 숙여 손끝이 발끝에 닿도록 한다. 15~30초 유지한 뒤 반대쪽도 실시한다.

둘째, 종아리 스트레칭. 벽에 양손을 대고 선 채 한쪽 다리는 뒤로 쭉 뻗어 발뒤꿈치를 바닥에 단단히 고정하다. 종아리가 당겨지는 느낌이 들 때까지 자세를 유지하고, 15~30초 후 반대쪽도 실시한다.

셋째, 엉덩이 근육(둔근) 스트레칭. 바닥에 앉아 한쪽 다리를 구부려 다른 쪽 무릎 위에 올린다. 상체를 앞으로 숙여 엉덩이 근육이 당겨지도록 15~30초간 유지한 뒤 반대쪽도 실시한다.

넷째, 허벅지(대퇴부) 스트레칭. 서서 한쪽 다리를 뒤로 접어 손으로 발목을 잡는다. 발뒤꿈치를 엉덩이 쪽으로 당겨 허벅지 앞쪽 근육이 늘어나도록 한다. 15~30초간 유지한 뒤 반대쪽도 실시한다.

오늘의 목표

일시   /   /
날씨   ☀ ☁ 🌧 ❄

달리기 전 체크포인트

수면   시간
체력 컨디션   O----O----O----O----O
기분 컨디션   O----O----O----O----O

오늘의 달리기

코스   도로   트랙   공원   산/언덕
거리   km
소요 시간   시간
평균 페이스   min/km

달리며 좋았던 점

다음에 도전·적용할 점

오늘의 생각

---

15 오늘의 1km가 인생에 미치는 영향

아침에 눈을 떴을 때, 당신은 두 가지 선택지를 마주한다.

'10분만 더 잘까?' 아니면 '귀찮아도 딱 1km만 달려볼까?'

작게나마 실행하는 쪽을 선택한 결과가 하루의 에너지를 바꾸고, 결국 삶의 방향을 바꾼다는 것을 나는 지난 13년간의 달리기를 통해 깨달았다. 1km를 달린 하루와 그렇지 않은 하루의 차이는 크다. 단순히 운동량의 차이가 아니다. 자신과의 약속을 지켰느냐, 아니냐의 차이다.

1km를 달린 사람은 스스로와의 약속을 지켜낸 사람이다. 몸이 무겁고 만사가 귀찮아도 러닝화를 신고 문 밖으로 나선 순간, 그는 이미 승리자다. 한 번 지킨 약속은 아까워서라도 내일도 지키고 싶다.

오늘의 목표

일시　　　　　/　　　/
날씨　　☀　　☁　　🌧　　❄

달리기 전 체크포인트

수면　　　　　　　　　　　　시간
체력 컨디션　○----○----○----○----○
기분 컨디션　○----○----○----○----○

오늘의 달리기

코스　　　도로　트랙　공원　산/언덕
거리　　　　　　　　　　　　km
소요 시간　　　　　　　　　시간
평균 페이스　　　　　　　min/km

달리며 좋았던 점

다음에 도전·적용할 점

오늘의 생각

16 속도를 높이고 싶다면 이렇게 하라

달리다 보면 자연스럽게 빠르게 달리고 싶다는 욕심이 생긴다. 하지만 무작정 빨리 달리는 데엔 한계가 있다. 속도를 높이는 데도 전략이 필요하다. 핵심은 '점진적인 개선'이다. 속도를 높이고 싶다면, 이렇게 하라.

첫째, 자신의 기준 페이스를 파악하자. 현재 실력을 정확히 아는 것이 중요하다. 편안하게 유지할 수 있는 속도와 1km 전력 질주 기록을 측정해보고, 이를 바탕으로 훈련 계획을 세우면 체계적으로 속도를 높일 수 있다.

둘째, 다리 근력을 키우자. 속도를 높이려면 심폐지구력뿐 아니라 강한 다리 근력이 필수적이다. 그래야 지치지 않고 오래, 힘 있게 달릴 수 있다. 스쿼트, 런지, 카프레이즈 같은 운동이 도움이 된다.

셋째, 달리기 자세를 점검하자. 자세가 무너지면 에너지가 낭비되어 빠르게 달릴 수 없다. 상체를 자연스럽게 세우고, 팔은 앞뒤로 가볍게 흔들며, 발은 지나치게 몸 앞쪽에 착지하지 않도록 주의하자.

넷째, 점진적으로 속도를 올리자. 단번에 큰 변화를 기대하지 말자. 한 달에 5~10초씩 페이스 개선 목표를 세우고, 주 1~2회 속도 훈련을 하는 식으로 강도를 서서히 높여서 부상 없이 지속적으로 성장하자.

오늘의 목표

일시	/ /
날씨	☀ ☁ 🌧 ❄

달리기 전 체크포인트

수면　　　　　　　　　　　　　　　시간

체력 컨디션　○----○----○----○----○

기분 컨디션　○----○----○----○----○

오늘의 달리기

코스　　도로　트랙　공원　산/언덕

거리　　　　　　　　　　　　km

소요 시간　　　　　　　　　시간

평균 페이스　　　　　　　min/km

달리며 좋았던 점

다음에 도전·적용할 점

오늘의 생각

17 달리기는 '회복'의 시스템을 만드는 일이다

과거의 나는 숨이 턱까지 차오르고, 땀이 비 오듯 쏟아지고, 다리가 후들거릴 정도는 돼야 '제대로' 운동했다는 느낌을 받았다. 이렇게 해야만 성장한다고도 생각했다.

하지만 달리기를 오래 하다 보니 알게 됐다. 좋은 달리기는 몸을 혹사하는 게 아니라 회복의 시스템을 만든다는 걸.

운동 생리학에는 수퍼컴펜세이션(Supercompensation)이라는 개념이 있다. 우리말로 '초과 회복'이라 번역되는 이 말을 쉽게 풀자면, 몸은 훈련으로 한 번 무너진 뒤 점차 회복하면서 이전보다 더 강해지도록 진화한다는 원리다. 즉 운동은 회복을 위한 자극이 돼야 하고, 휴식은 회복을 위한 연료가 돼야 한다.

이걸 깨닫고 부터, 훈련 계획에 '휴식'이라는 항목을 넣기 시작했다. 쉬는 날은 게으름을 부리는 날이 아니라 더 오래 달리기 위한 전략적 투자다. 몸이 피로하다고 느껴지면 잠깐 훈련을 멈추고 '지금은 회복을 설계할 타이밍이구나' 하고 마음을 가다듬는다.

달리기는 회복의 리듬이다. 어떻게 달리고, 언제 쉬고, 무엇을 먹고, 어떻게 회복하느냐. 이 모든 과정이 달리기이고, 그 리듬을 알게 되면 달리기는 훨씬 더 오래, 깊이, 즐겁게 이어진다.

진짜 러너는 훈련을 잘하는 사람이 아니라, 회복을 잘 아는 사람이다.

오늘의 목표

일시   /   /
날씨   ☀ ☁ 🌧 ❄

달리기 전 체크포인트

수면   시간
체력 컨디션   ○----○----○----○----○
기분 컨디션   ○----○----○----○----○

오늘의 달리기

코스   도로   트랙   공원   산/언덕
거리   km
소요 시간   시간
평균 페이스   min/km

달리며 좋았던 점

다음에 도전·적용할 점

오늘의 생각

---

18 내게 맞는 러닝화를 찾는 법

어떤 러닝화를 신어야 할지 고민하는 러너들이 많지만, 모두를 만족시킬 완벽한 러닝화는 존재하지 않는다. 사람마다 발 모양, 몸의 구조, 달리기 스타일 및 목표가 다 다르기 때문! 무한정 비싼 신발이 좋은 것도 아니다. 내게 맞는 러닝화를 고르는 몇 가지 팁을 공유하겠다.

<mark>첫째, 자신의 발을 이해하자.</mark> 발볼이 넓은지 좁은지, 아치가 높은지 낮은지 등을 확인하자. 발볼이 넓으면 좁은 신발이 불편하고, 아치가 낮으면 지지력이 부족한 신발을 신었을 때 쉽게 피로해진다.

<mark>둘째, 달리기 목적에 맞게 선택하자.</mark> 처음 달리는 초보 러너라면 충격을 잘 흡수하는 쿠셔닝이 좋은 신발이 적합하다. 반면 기록 단축이 목표인 러너라면 가볍고 반발력이 좋은 신발이 도움이 된다.

<mark>셋째, 여유 있는 사이즈를 고르자.</mark> 발보다 0.5~1cm 여유 있는 사이즈를 선택하자. 달리다 보면 발이 붓기 때문에 딱 맞는 신발은 불편할 수 있다. 특히 발볼이 넓거나 발등이 높은 경우 반 사이즈 크게 신는 걸 추천!

<mark>넷째, 직접 신어보고 결정하자.</mark> 브랜드마다 천차만별이므로 매장에서 직접 신어보고 가볍게 뛰면서 착용감을 확인하는 것이 좋다. 발가락이 너무 조이거나 뒤꿈치가 헐떡이는 느낌이 들면 자신에게 맞지 않는 신발이다.

오늘의 목표

일시   /   /
날씨   ☀   ☁   🌧   ❄

달리기 전 체크포인트

수면   시간
체력 컨디션   ○----○----○----○
기분 컨디션   ○----○----○----○

오늘의 달리기

코스   도로   트랙   공원   산/언덕
거리   km
소요 시간   시간
평균 페이스   min/km

달리며 좋았던 점

___

다음에 도전·적용할 점

___

오늘의 생각

___

19 의지보다 환경이 중요한 이유

세계적인 베스트셀러 《아주 작은 습관의 힘》의 저자 제임스 클리어는 이렇게 말한다. "자신의 의지를 시험하기보다, 의지가 필요하지 않은 환경을 만들어라."

달리기도 마찬가지다. 나는 눈뜰 때마다 '오늘은 꼭 뛰어야지' 하고 다짐하기보다, 일어나면 저절로 '뛰지 않을 수 없는 환경'을 구축하는 데 주목했다. '꼭 뛰자'라고 다짐하는 순간 '정말 뛰기 싫어!' 하는 강한 반발심이 일어나기 때문이다.

매일 아침 나와 '싸움'을 벌이는 것보다는 자연스럽게 달리러 나갈 수 있는 환경을 세팅하는 것이 내겐 좀 더 수월했다. 전날 넷플릭스를 보는 대신 1시간 일찍 잠들기, 다음 날 아침에 착용할 러닝복과 러닝화를 현관 앞에 준비해두기, 같이 달리는 친구를 만들고 미리 달리기 약속을 잡아두기 같은 것들이다.

달리기를 습관으로 만들고 싶다면, 달리기 좋은 환경을 구축하는 것이 가장 확실한 방법이다. 달리기를 방해하는 요소들을 줄이고, 최대한 별 고민 없이 밖으로 나갈 수 있는 조건을 만들어놓으면 더 이상 '의지'를 동원하지 않아도 자연스럽게 달리게 된다.

달리기가 힘들게만 느껴진다면, 자신의 의지를 탓하기 전에 환경을 먼저 살펴보자. 달리기 쉬운 환경을 만들면, 달리기는 저절로 이어진다.

오늘의 목표

일시　　　　　/　　　/
날씨　　☼　　☁　　☂　　❄

달리기 전 체크포인트

수면　　　　　　　　　　　시간
체력 컨디션　○----○----○----○----○
기분 컨디션　○----○----○----○----○

오늘의 달리기

코스　　　도로　트랙　공원　산/언덕
거리　　　　　　　　　　　　km
소요 시간　　　　　　　　　시간
평균 페이스　　　　　　　min/km

달리며 좋았던 점

다음에 도전·적용할 점

오늘의 생각

---

20 올바른 팔치기로 더 적게 힘 쓰는 법

팔치기만 잘해도 더 효율적으로 달릴 수 있다. 하지만 대부분의 러너들이 팔을 너무 크게 흔들거나, 필요 이상으로 힘을 주면서 불필요하게 에너지를 낭비한다.

<mark>팔치기의 기본 원칙은 '힘을 빼고 자연스럽게'다.</mark> 팔은 90도 정도 구부린 상태에서 앞뒤로 부드럽게 움직이면 된다. 흔히 팔을 좌우로 흔들거나, 어깨까지 높이 들어 올리는 실수를 하는데, 이는 몸의 중심을 흐트러뜨리고 달리기의 리듬을 깰 수 있다. <mark>이때 주먹은 꽉 쥐기보다 가볍게 말아 쥐고 어깨에 힘을 빼야 한다.</mark> 어깨에 힘이 들어가면 상체가 뻣뻣해지고 불필요한 에너지를 소모하게 된다.

팔의 움직임은 다리의 움직임과 연결된다. 팔이 자연스럽게 리드하면 다리도 부드럽게 나아간다. 속도를 올리고 싶은 구간에서는 다리를 더 빠르게 움직이려 하기보다 팔을 조금 더 빠르게 흔들어보자. <mark>팔이 리듬을 잡아주면 다리도 자연스럽게 반응하면서 효율적으로 속도를 높일 수 있다.</mark>

달리다가 피로를 느낄 때도 팔 동작을 조절하면 도움이 된다. 어깨에 힘을 빼고(나는 팔을 아래로 떨구고 툭툭 털어주기를 몇 회 반복하면서 힘을 빼고 긴장을 완화한다) 팔을 조금 더 작게 흔들면 상체의 긴장이 풀리고, 호흡도 한결 편해지는 게 느껴진다. 힘을 빼는 연습을 하다 보면 더 적은 에너지로도 오래 달릴 수 있다.

오늘의 목표

일시　　　/　　　/
날씨　　☼　☁　☂　❄

달리기 전 체크포인트

수면　　　　　　　　　　시간

체력 컨디션　○----○----○----○

기분 컨디션　○----○----○----○

오늘의 달리기

코스　　　도로　트랙　공원　산/언덕

거리　　　　　　　　　　km

소요 시간　　　　　　　　시간

평균 페이스　　　　　　　min/km

달리며 좋았던 점

다음에 도전·적용할 점

오늘의 생각

Check out

11~20번째 달리기 점검하기

그간의 달리기는 어떠셨나요?
10번의 달리기를 돌아보며 전반적으로 어떠했는지 점검해봅시다.

1	달리기 전 충분히 워밍업을 했는가?	○----○----○
2	달리는 동안 내 몸이 어떤지 주의를 기울였는가?	○----○----○
3	무리하지 않고 페이스를 조절했는가?	○----○----○
4	달린 후 충분히 스트레칭을 했는가?	○----○----○
5	달린 후 그날의 달리기를 충분히 돌아봤는가?	○----○----○
6	미션 달성 수준은 전반적으로 어떠한가?	○----○----○

10번 달린 후의 변화		**다음 10번의 달리기 목표**	
누적 거리	km	누적 거리	km
체중	kg	체중	kg

나만을 위한 드라마

러너 김희복

김희복 러너는 오랫동안 산악자전거 타기가 취미였다. 자전거에 대한 흥미가 서서히 식고, 문득 찾아온 '달리고 싶다'는 충동이 그를 달리기라는 새로운 세계로 이끌었다. 그즈음 후배의 권유로 10km 마라톤 대회를 참가하게 됐고, 달리기의 세계에 매료됐다.
대회를 앞두고 신발 끈을 조이며 그는 늘 생각한다. "오늘은 어떤 드라마가 펼쳐질까?" 드라마는 언제나 해피엔딩은 아니었지만, 드라마가 시작되기 전의 기대와 떨림이 그를 다시 길 위로 불러냈다. 그는 그렇게 매번 새로운 이야기를 만들어나가는 주인공이 되었다.

왜 달리기를 시작하게 됐나요?

산악자전거에 조금씩 흥미가 떨어질 때쯤, '달리고 싶다'는 갈증이 찾아왔습니다. 마침 후배의 권유로 10km 대회에 참가한 것이 계기가 되어 오늘에 이르게 됐네요(그는 이제 2시간 40분 02초의 기록을 가진 러너다). 러닝 초기엔 달리기 그 자체의 매력보다는 경쟁심리가 동력이 되어 달렸던 게 사실입니다. 그런데 〈마라닉 TV〉에서 '마라닉'의 개념을 접하고 나서 내 페이스대로 달리는 달리기에 빠져들게 됐어요. 푸르른 자연 속에서 피크닉을 하듯 내 속도대로 달리는 재미를 재진 님을 만나서 깨닫게 됐달까요.

처음 러닝화를 신었을 때, 어떤 마음이었나요?

너무 오래전이라서 기억이 조금 희미하지만, 요즘에 달리기 전 혹은 대회에 출전할 때의 마음이랑 별반 다르지 않았던 것 같습니다. 러닝화 끈을 묶을 때마다 '오늘은 어떤 드라마가 펼쳐질까?' 두근거리는 마음을 차분히 진정시킵니다. 오늘도 낭만과 희열이 동반된 드라마가 펼쳐지길, 그리고 약간의 감동과 함께 해피엔딩으로 끝나길. 그러고는 최선을 다해 신나게 달리는 겁니다! 내가 주인공인, 나만을 위한 드라마를 써내려가는 것이죠. 하지만 기대와 다르게 늘 해피엔딩으로 끝나지는 않더군요(웃음).

달리기를 하고서 가장 먼저 어떤 변화가 찾아왔나요?

가장 큰 변화는 주위의 많은 것들이 새삼 소중히 다가왔다는 것입니다. 달리기만 해서 느낀 깨달음이라기보다는, 아마도 달리면서 생각한 상념의 결과물이 아닐까 합니다. 달리면서 필연적으로 수반되는 약간의 육체적 자극이 그러한 깨달음으로 절 이끌었다고 생각합니다. 과거에는 당연하게 여겼던 것들을 달리면서 무척 소중하게 느끼고 있는데요. 아마 이 점이 가장 큰 변화이자 선물일 것입니다.

가장 힘들었던 시기, 달리기는 당신에게 어떤 의미였나요?

버팀목이었고, 친구였고, 한여름 나무 그늘이었고, 때론 희망이었습니다. 달리기를 한다고 힘든 상황이 바뀌진 않았지만, 달리기를 함으로써 위로를 많이 받았고, 당면한 문제를 바라보는 관점이 달라졌습니다. 달리기는 때론 상념에 젖게 하고, 때론 상념에서 빠져나오도록 저를 인도해줬습니다.

당신에게 달리기는 한 단어로 뭐라고 정의할 수 있을까요?

잔인한 질문입니다. 달리기를 결코 한 단어로 정의할 수 없는 것이기에… 그래도 굳이 해야 한다면… 낭만.

달리기를 추천하는 이유는 무엇인가요?

저는 달리지 않았더라면 제 주변을 둘러싼 소중한 것들을 모르고 살았을 거예요. 주로 옆에 핀 향긋한 꽃 내음을 몰랐을 것이고, 강변을 달릴 때 윤슬이 반짝이는 모습도 못 보고 살았을 겁니다. 달리기로써 삶의 낭만을 되찾았죠. 만약 여러분이 몸이든 마음이든 그 무엇이든, 삶에서 뭔가 달라지길 기대한다면 달리기는 여러분이 원하는 방향으로 인도할 것입니다.

21~30번째 달리기

"마라톤의 비밀은 속도가 아니라, 지구력이다."

데이브 베드포드(마라토너)

15분 & 30분 연속 달리기 완성하기

21 출발선에 섰다면, 이미 반은 해낸 것이다

대회 경험이 있는 러너들은 주로 결승선을 통과한 경험에 대해 이야기한다. 완주를 했는지, 기록이 좋았는지, 얼마나 힘든 표정을 했었는지. 하지만 나는 출발선에 선 순간이 더 곱씹어 기억할 만다고 생각한다.

신발 끈을 묶고, 숨을 들이마시고, 몸을 앞으로 기울여 첫발을 내딛기까지. 이 과정이야말로 달리기에서 가장 중요한 드라마다. 그걸 해내면, 그다음부터는 자연스럽게 흘러간다. 하지만 출발선에 서기까지 순탄하지만은 않다. 왜 그토록 출발선에 서는 게 어려울까?

한 가지 확실한 건, 사람은 움직이지 않는 쪽을 더 선호하도록 설계된 존재라는 점이다. 달리기 전에 우리는 수많은 이유를 떠올린다. 오늘은 너무 피곤하다. 날씨가 좋지 않다…. 그럴듯한 변명이 머릿속을 맴돈다. 그런데 출발선에 일단 서면, 의외로 별생각이 들지 않는다.

머릿속을 어지럽히던 고민들도, 좀 더 자고 나가겠다는 게으름도, 어제 미처 끝내지 못한 일들도 그 순간만큼은 희미해진다. 결국 달리기를 방해하는 가장 큰 적은 나가기 전까지의 나 자신이라는 걸 알게 된다.

출발선에 서는 것. 그것만으로도 우리는 이미 반을 해낸 것이다. 나머지 반은 단순한 일이다. 숨을 들이마시고 내쉬며 한 걸음씩 앞으로 나아가면 된다.

오늘의 목표

일시　　　　/　　/
날씨　　☀　○　☁　❄

달리기 전 체크포인트

수면　　　　　　　　　　시간
체력 컨디션　○----○----○----○----○
기분 컨디션　○----○----○----○----○

오늘의 달리기

코스　　도로　트랙　공원　산/언덕
거리　　　　　　　　　　km
소요 시간　　　　　　　　시간
평균 페이스　　　　　　min/km

달리며 좋았던 점

다음에 도전·적용할 점

오늘의 생각

---

22 힘이 빠질 때 다시 집중하는 방법

달리다가 힘이 빠지면, 마음과 몸이 한순간에 무너지기도 한다. 피로가 급작스레 몰려오고, '그만할까?' 하는 생각이 머릿속을 지배한다. 그럴 때 다시 집중하는 법을 알고 있으면, 달리기를 끝까지 이어갈 수 있다.

<mark>힘이 빠지는 순간이 찾아오면 호흡에 집중해보자.</mark> 빠르고 얕은 호흡 대신, 천천히 깊게 호흡하면서 몸에 산소를 충분히 공급하면 피로감을 덜 느낄 수 있다. 깊게 몇 번 숨을 들이쉬고 내쉬면서 "좀 더 달릴 수 있다"고 되뇌어보는 것도 도움이 된다.

<mark>시선의 방향을 바꿔도 좋다.</mark> 몸이 지치면 자연스레 고개를 떨군 채 달리게 되는데, 지면만 주시하고 달리면 기운이 더 빠지기 쉽다. 이럴 때는 시선을 조금 위로, 그리고 좀 더 앞쪽으로 향하게 두면 시각적으로도 자신감을 얻을 수 있다. 자세가 다시 바로 잡히면, 서서히 기운이 올라오는 느낌을 받을 것이다.

<mark>목표를 세분화하는 것도 좋은 방법이다.</mark> "500m만 더", "1분만 더" 같은 '작은' 목표를 설정하고 거기에 집중해 달려보자. 큰 목표를 잡고 달리면 피로를 느끼는 즉시 포기하고 싶어지지만, 작은 목표를 설정하면 덜 부담스럽다. 나는 "저 앞 전봇대까지만 더", "저기 보이는 큰 나무까지만 더" 이런 식으로 지형지물을 이용하곤 한다.

그렇게 한 걸음 한 걸음 나아가면, 어느새 힘을 회복하고 달려 나가는 자신을 만나게 된다. 이런 수많은 반복의 결과가 나를 성장시킨다.

오늘의 목표

일시   /   /
날씨   ☀   ☁   🌧   ❄

달리기 전 체크포인트

수면   시간
체력 컨디션   ○----○----○----○----○
기분 컨디션   ○----○----○----○----○

오늘의 달리기

코스   도로   트랙   공원   산/언덕
거리   km
소요 시간   시간
평균 페이스   min/km

달리며 좋았던 점

다음에 도전·적용할 점

오늘의 생각

---

23 하루의 첫 1km가 자기 효능감을 만든다

사람들은 말한다. "자신감을 키우고 싶어요." 그런 이들에게 묻고 싶다.

"오늘 아침, 달리기 하셨나요?"

심리학에서 '자기 효능감(self-efficacy)'이라는 개념이 있다. 간단히 말해 '나는 이걸 해낼 수 있어'라는 내적 확신이다. 이는 타고나는 게 아니다. 하루하루의 '작은 실천'에서 쌓이는 것이다.

달리기는 작은 실천으로써 자기 효능감을 키워주는 도구다. 아침에 일어나 러닝화를 신고 밖으로 나가는 이 단순한 행동 하나가 하루 전체의 감정 흐름을 바꾼다.

중요한 건 속도도 아니고, 거리도 아니다. 스스로 세운 약속을 지켰다는 감각. 그게 곧 자기 효능감이다. 반대로 하루의 첫 시도를 미루면, "나는 또 실패했어"라는 자기 인식이 스며든다. 반복될수록 점점 어떤 것도 해낼 수 없다는 감정이 우리를 지배하기 시작한다.

자기 효능감은 말로 만들어지지 않는다. 경험으로 축적된다. 그리고 그 경험의 시작은 거창한 도전이 아니라, 단 1km의 달리기로 충분하다.

1km는 짧지만, 마음의 무게를 바꾼다.

1km는 느릴 수 있지만, 오늘 하루의 방향을 바꾼다.

1km는 작지만, 그 걸음이 쌓여 당신을 완전히 다른 사람으로 바꿔놓는다.

하루의 첫 1km. 그건 운동이 아니라, 나를 믿는 연습이다.

오늘의 목표

일시　　　　/　　　/
날씨　　☼　△　◇　❄

달리기 전 체크포인트

수면　　　　　　　　　　　시간
체력 컨디션　○----○----○----○
기분 컨디션　○----○----○----○

오늘의 달리기

코스　　도로　트랙　공원　산/언덕
거리　　　　　　　　　　　km
소요 시간　　　　　　　　시간
평균 페이스　　　　　　min/km

달리며 좋았던 점

다음에 도전·적용할 점

오늘의 생각

---

24 발목에 묵직함이 느껴질 때 체크해야 할 것들

달리다가 발목이 묵직하게 느껴지는 경우가 있다. 그건 내 몸에 부하가 걸리고 있다는 뜻이다. 원인이 다양하므로 제대로 파악하고 적절한 조치를 재빨리 취하는 것이 중요하다.

첫째, 러닝화를 점검해보자. 발목이 무겁게 느껴지는 이유 중 하나는 러닝화 탓일 수 있다. 발에 맞지 않거나 오래 신은 러닝화는 발목에 부담을 주고, 착지 시 충격이 잘 흡수되지 않아 피로감을 더한다.

둘째, 달리기 자세를 점검해보자. 발목에 무리가 가는 자세로 달리고 있다면 발목이 쉽게 불편해진다. 특히 발을 너무 앞쪽에 뻗으며 착지할 때 이런 문제가 자주 발생한다. 착지 시엔 발이 몸보다 너무 앞서지 않도록 하여 충격을 고르게 분산시켜야 한다.

셋째, 발목 스트레칭과 발목 강화 운동을 해보자. 발목 근육이 약하면 달릴 때 쉽게 피로가 누적되고 발목에 무리가 갈 수 있다. 달리기 전후 발끝으로 서서 균형을 잡거나 발목을 돌리는 운동을 꾸준히 하는 것만으로도 발목 근육 강화 효과가 있다. 일상에서도 자투리 시간에 발뒤꿈치를 들어 올리는 운동을 틈틈이 반복하자.

마지막으로, 과한 훈련을 피하고 달리고 나선 꼭 회복의 시간을 마련하자. 너무 자주 달리거나 과도한 강도로 훈련을 하면 발목에 부담이 간다. 달린 후에는 충분히 쉬고, 냉찜질 또는 쿨링 크림 등을 발라 피로를 풀어보자.

오늘의 목표

일시　　　　　／　　　／
날씨　　☼　　○　　○　　✵

달리기 전 체크포인트

수면　　　　　　　　　　　　　시간
체력 컨디션　○----○----○----○----○
기분 컨디션　○----○----○----○----○

오늘의 달리기

코스　　　도로　트랙　공원　산/언덕
거리　　　　　　　　　　　　　km
소요 시간　　　　　　　　　　시간
평균 페이스　　　　　　　　min/km

달리며 좋았던 점

다음에 도전·적용할 점

오늘의 생각

---

25 달리기는 자신과의 약속을 지키는 연습

달리기로 마음먹었을 때 우리는 저마다의 목표를 세운다. 6kg 감량, 10km 완주, 체력 기르기…. 하지만 달리기를 하려는 진짜 이유는 기록이나 거리를 갱신하거나 더 좋은 몸을 만들려는 것보다 본질적인 의미가 있다. 바로 '나 자신과의 약속을 지키는 연습'을 위해서다.

아침 조깅을 하겠다고 다짐한 순간,

피곤한 몸을 이끌고 러닝화를 신는 순간,

퇴근 후 그저 소파에 눕고만 싶은 유혹을 이겨내는 순간.

숨이 차고 힘이 들어 그만두고 싶지만, 한 걸음 더 내디디는 그 순간.

이 모든 순간이 바로 자기와의 약속을 지켜내는 과정이다.

달리기를 하다 보면 수없이 흔들린다. 그럴 때마다 우리는 선택을 해야 한다. 오늘도 포기할 것인가, 아니면 끝까지 가볼 것인가. 이 작은 선택들이 모여 내 삶의 태도를 만든다.

달리기는 단순한 운동이 아니다. 내가 건 약속을 지켜나갈 수 있는지 확인하는 과정이다. 나와의 약속을 지켜나가면서 우리는 스스로를 더 신뢰하게 된다. 어제의 나보다 더 강한 나를 만들어가는 것. 그것이 달리기가 주는 가장 큰 선물이다.

오늘의 목표

일시　　　　　/　　　/
날씨　　☼　　△　　☁　　✲

달리기 전 체크포인트

수면　　　　　　　　　　시간
체력 컨디션　○----○----○----○
기분 컨디션　○----○----○----○

오늘의 달리기

코스　　　도로　트랙　공원　산/언덕
거리　　　　　　　　　　　km
소요 시간　　　　　　　　시간
평균 페이스　　　　　　min/km

달리며 좋았던 점

다음에 도전·적용할 점

오늘의 생각

---

26 페이스 조절이 어려운 러너를 위한 팁

달리기 초반에는 의욕이 앞서다 보니 너무 빠르게 시작하는 경우가 많고, 그러다 보면 금방 지치기 마련이다. 그러면 어떻게 해야 '적절한' 페이스로 더 오래, 더 편하게 달릴 수 있을까?

첫째, 초반에 속도를 낮추는 것이 중요하다. 많은 러너들이 초반부터 빠르게 달려야 한다는 강박을 갖고 있는데, 이는 금방 체력을 소진하게 만드는 요인이다. 첫 5~10분은 천천히 시작하고, 몸이 풀리면 조금씩 속도를 올리는 것이 좋다. 아주 서서히 점진적으로 속도를 올려가고 원하는 페이스에 도달하면 끝까지 유지하면서 달려보자.

둘째, 대화할 수 있는 속도로 달리기를 권장한다. 달리면서 숨이 가쁘고 대화하기 힘들다면 속도가 너무 빠른 것이다. 대화가 가능한 속도에서 달리는 것이 가장 자연스럽고 지속 가능한 페이스다.

셋째, 경험을 쌓으며 페이스를 감각적으로 익히는 것도 중요하다. 초보자라면 페이스 조절에 어려움을 겪을 수 있지만, 여러 번 훈련을 하면서 몸이 페이스를 자연스럽게 감지할 수 있게 된다. 달린 후에는 매번 어떤 속도가 자신에게 적당한지, 어느 정도의 페이스에서 더 편하게 달릴 수 있었는지 스스로 점검해보자. 이 과정을 반복하다 보면 점차적으로 자신에게 맞는 페이스를 알게 될 것이다.

오늘의 목표

일시　　　　/　　　/
날씨　　☼　☁　☂　❄

달리기 전 체크포인트

수면　　　　　　　　　　　시간
체력 컨디션　○----○----○----○----○
기분 컨디션　○----○----○----○----○

오늘의 달리기

코스　　　도로　트랙　공원　산/언덕
거리　　　　　　　　　　　km
소요 시간　　　　　　　　　시간
평균 페이스　　　　　　　　min/km

달리며 좋았던 점

다음에 도전·적용할 점

오늘의 생각

27 달리기가 내 삶의 리듬을 바꿔놓았다

한때 나는 세상의 속도에 맞춰 가쁘게 움직이려 했다. 아침이면 정신없이 일어나고, 낮이면 끝없는 일에 치이고, 밤이면 기진맥진한 채로 하루를 마감했다. 여느 사람들처럼 살고 있는데도 어딘가 어긋나고 있는 기분이었다. 마치 나만 혼자 다른 박자로 살고 있는 것 같았다.

어느 날, 나는 달리기 시작했다. 처음엔 몸이 따라오지 않았다. 지휘자 없는 오케스트라처럼, 모든 것이 흐트러져 있었다. 호흡, 팔과 다리가 제각각 따로 노는 느낌이었다. 그러다 점점 숨소리, 발소리가 일정한 리듬을 타기 시작했다. 오래된 기계에 기름칠을 해준 듯 처음엔 삐걱거리던 움직임이 조금씩 부드러워졌다.

들숨과 날숨, 왼발과 오른발. 모든 것이 자연스럽게 제자리를 찾아갔다. 보이지 않는 지휘자가 템포를 맞춰주는 듯, 발걸음은 가벼워졌고 호흡은 자연스러워졌다. 그제야 깨달았다. 지금, 내 삶의 리듬을 다시 찾아가고 있다는 것을. 앞서 나가려 애쓸 필요도, 남들과 비교할 필요도 없었다. 그저 내 몸이 만들어낸 리듬을 따라 한 걸음씩 나아가면 됐다. 빠르게, 천천히, 때로는 멈추기도 하면서.

더 이상 세상의 속도에 끌려다니지 않아도 된다는 깨달았을 때, 모든 것이 달라 보였다. 늘 나를 재촉하던 시간도, 쫓기듯 지나가던 하루도, 실은 내 마음이 조급한 탓에 만들어낸 허상이었다는 걸 알았다.

세상은 여전히 빠르게 흘러간다. 하지만 나는 안다. 내가 어디에 있든 얼마나 느리든 나만의 리듬으로 나아가는 한, 나는 충분히 잘 가고 있다는 것을.

오늘의 목표

일시　　　　　/　　　/
날씨　　☼　△　☁　❄

달리기 전 체크포인트

수면　　　　　　　　　시간
체력 컨디션　○----○----○----○----○
기분 컨디션　○----○----○----○----○

오늘의 달리기

코스　　도로　트랙　공원　산/언덕
거리　　　　　　　　　　　km
소요 시간　　　　　　　　시간
평균 페이스　　　　　　　min/km

달리며 좋았던 점

다음에 도전·적용할 점

오늘의 생각

---

28 달리기를 습관으로 만드는 가장 쉬운 방법

달리기를 습관으로 만드는 가장 쉬운 방법은 작게 시작함으로써 꾸준히 지속할 시스템을 만드는 것이다. 처음부터 큰 목표를 세워 부담감을 갖기보다 지속 가능한 작은 목표를 설정하는 것이 중요하다. 하루 10분 또는 1km만 달려보겠다는 '작은' 목표를 설정하고, 이를 매일 실천하는 것부터 시작하자. 이를 달성하는 성취감을 느끼면서 점차적으로 달리기를 습관화할 수 있다.

규칙적인 시간에 달리는 것도 습관화의 핵심이다. 매일 같은 시간에 달리기를 하면, 몸이 자연스럽게 기억한다. 예를 들어 아침에 일어나자마자 달리기를 하거나, 점심시간 후에 또는 퇴근 후 가벼운 달리기를 하는 등의 일정을 정해두면 더 쉽게 습관을 정착시킬 수 있다.

달리기를 즐길 수 있는 환경을 구축하는 것도 좋다. 좋아하는 음악을 듣거나, 친구와 함께 달리거나, 새로운 코스를 찾아간다거나 하면서 달리기를 즐길 수 있는 요소들을 발견해보자.

자신의 성장을 기록하는 것도 추천한다. 매일매일 달린 거리나 시간을 기록해두면 점진적인 변화를 확인할 수 있고, 그 변화가 성취감으로 이어져 지속적인 동기부여가 된다. 목표를 이루는 과정에서의 작은 변화가 누적되면서 결국 달리기를 습관으로 만드는 든든한 자원이 된다.

오늘의 목표

일시   /   /
날씨   ☀ ☁ 🌧 ❄

달리기 전 체크포인트

수면   시간
체력 컨디션   ○----○----○----○----○
기분 컨디션   ○----○----○----○----○

오늘의 달리기

코스   도로   트랙   공원   산/언덕
거리   km
소요 시간   시간
평균 페이스   min/km

달리며 좋았던 점

다음에 도전·적용할 점

오늘의 생각

---

29 달리기도 인생도 한 번에 바뀌진 않는다

고백건대 달리기를 시작하면 금방 뭔가가 달라질 줄 알았다. 하지만 그런 일은 일어나지 않았다. 처음 1km를 뛰었을 때, '왜 이걸 하고 있지?' 같은 생각을 했다. 운동을 하면 개운해진다던데. 달리고 나면 머리가 맑아진다던데. 나는 전혀 그렇지 않았다. 오히려 몸은 더 피곤했고, 예상보다도 더 저질 체력이었음을 확인하곤 주눅이 들었다. 고작 몇 번 달렸다고 해서 대단한 사람이 되는 것이 아니었다.

그래도 다음 날 다시 달렸다. '어제보다는 뭐라도 더 나아지지 않을까?' 하는 기대 때문이었다. 하지만 역시 똑같았다.

미미하나마 변화가 시작되고 있다고 느낀 건, 달린 지 몇 주가 지났을 무렵이었다. 뛰는 시간이 조금 더 늘었고, 숨이 차오르는 속도가 느려졌다. 어느 날은 평소보다 멀리까지 달려와서 돌아가는 길이 꽤 멀게 느껴지기도 했다. 물론 대단한 변화는 아니었다. 기록이 엄청나게 단축된 것도 아니고, 내 삶이 극적으로 달라진 것도 아니다. 몇 주 전보다 조금 덜 힘들어졌을 뿐. 그런데 그게 무척 중요한 변화란 걸 나중에야 알았다.

살아온 길을 돌아보니 비슷했다. 변하지 않을 것 같은 시간들이 어디로 향하고 있었는지는 시간이 흐르고 나서야 비로소 알게 된다. 어제의 작은 반복들이 지금의 나를 만들었고, 그때는 보이지 않던 것들이 지나고 나서야 선명해진다. 그래서 나는 오늘도 달린다. 내가 어디까지 갈 수 있을지는 모르지만, 일단 계속 가보기로 했다.

오늘의 목표

일시　　　　/　　　/
날씨　　☀　　☁　　🌧　　❄

달리기 전 체크포인트

수면　　　　　　　　　　시간
체력 컨디션　　○----○----○----○----○
기분 컨디션　　○----○----○----○----○

오늘의 달리기

코스　　　도로　트랙　공원　산/언덕
거리　　　　　　　　　　km
소요 시간　　　　　　　시간
평균 페이스　　　　　min/km

달리며 좋았던 점

다음에 도전·적용할 점

오늘의 생각

30 초보 러너가 가장 많이 하는 착각 3가지

초보 러너들이 많이들 하는 착각 3가지가 있다. 이런 착각을 빠르게 인지하면 올바른 방향으로 나아갈 수 있다.

첫째, "빨리 달려야 더 효과적이다"라는 생각이다. 많은 초보 러너들이 속도에 집착한다. 빨리 달리면 더 빨리 실력이 향상될 것이라는 잘못된 믿음 때문이다. 속도에 너무 신경 쓰면 부상의 위험이 커진다. 그러면 자연히 휴식기를 오래 가져야 하므로 장기적으로 실력 향상에 도움이 되지 않는다. ==중요한 것은 꾸준한 속도로 지속 가능한 러닝을 하는 것. 초반에는 속도보다는 거리와 시간에 신경 쓰고 무리하지 말자.==

둘째, "달리기는 체중 감량을 위해서만 해야 한다"는 생각이다. 많은 초보 러너들이 달리기를 시작하는 이유 중 하나가 체중 감량이다. 물론 달리기는 체중을 줄이는 데 도움을 주지만, 그게 전부는 아니다. 심혈관 건강, 정신적 안정, 스트레스 해소, 근력 및 체력 향상 등 전반적인 건강 개선과 삶의 질을 증진시킨다. ==건강한 몸과 마음을 관리하기 위한 운동으로서 달리기를 바라보는 관점이 중요하다.==

셋째, "좋은 러닝화나 고가의 장비를 사용하면 더 잘 달릴 수 있다"는 생각이다. 좋은 장비의 효과를 아예 무시하는 건 아니나, 운동 자체의 지속성이 우선시돼야 한다. 처음 시작하는 단계에서는 무엇보다도 꾸준하게 달리는 것이 중요하다. 장비에 신경 쓰기보다는 자기 자신에게 맞는 속도와 거리로 꾸준히 달리는 것이 더 효과적이다.

오늘의 목표

일시　　　　/　　　/
날씨　　☼　　☁　　☂　　❄

달리기 전 체크포인트

수면　　　　　　　　　　시간
체력 컨디션　○----○----○----○----○
기분 컨디션　○----○----○----○----○

오늘의 달리기

코스　　　도로　트랙　공원　산/언덕
거리　　　　　　　　　　km
소요 시간　　　　　　　　시간
평균 페이스　　　　　　min/km

달리며 좋았던 점

다음에 도전·적용할 점

오늘의 생각

Check out

21~30번째 달리기 점검하기

그간의 달리기는 어떠셨나요?
10번의 달리기를 돌아보며 전반적으로 어떠했는지 점검해봅시다.

1	달리기 전 충분히 워밍업을 했는가?	○----○----○
2	달리는 동안 내 몸이 어떤지 주의를 기울였는가?	○----○----○
3	무리하지 않고 페이스를 조절했는가?	○----○----○
4	달린 후 충분히 스트레칭을 했는가?	○----○----○
5	달린 후 그날의 달리기를 충분히 돌아봤는가?	○----○----○
6	미션 달성 수준은 전반적으로 어떠한가?	○----○----○

10번 달린 후의 변화		다음 10번의 달리기 목표	
누적 거리	km	누적 거리	km
체중	kg	체중	kg

Interview
달리기는 내 삶의 페이스메이커

러너 이수진

간호사이자 워킹맘인 이수진 러너가 말하는 달리기의 진짜 힘은 속도가 아닌 '지속성'에 있다. 누군가 옆에서 빠르게 달려도 내 속도대로 꾸준히 가는 것, 그것이 자신을 지치지 않게 만들어준다는 것이다. "빠른 사람을 따라가다 보면 오버페이스가 돼서 결국 목표한 거리도 못 가요. 반면 나만의 속도로 꾸준히 가면 멀리 갈 수 있어요." 이런 통찰은 달리기에만 적용되는 게 아니라, 그녀의 삶 전반에도 스며들어 있다. 관계도, 일도, 육아도 모두 이 원리를 중심으로 돌아간다. "나를 알고 나만의 속도로 달리는 것. 삶에서도 같은 태도로 살고 있어요."

왜 달리기를 시작하게 됐나요?

'9'라는 숫자에 뭔가를 시작하기 좋은 때라고들 해요. 제가 처음 달린 건 39살 생일 무렵이었어요. 아이들이 쑥쑥 커가는 모습을 지켜보는 건 행복한 일이지만 10년 넘게 육아에 묶여 살면서 어쩐지 정체된 듯하더라고요. 문득 "이렇게 10년이 더 흐르면 어떡하지?"라는 불안감이 밀려오면서 "이렇게는 안 되겠다. 나도 성장하고 싶다"는 갈망이 들더군요. 누구의 엄마, 누구의 아내가 아닌 다시 '이수진'이라는 한 사람으로 살아가고 싶다는 마음이 달리기의 시작점이었어요.

처음 러닝화를 신었을 때, 어떤 마음이었나요?

7년 된 낡은 운동화를 꺼내 신고 남편 운동복을 빌려 입은 다음, 집 앞 천변을 걷다가 무작정 달렸어요. 그게 달리기 첫날의 기억이에요. 그다음부터는 '걷뛰'로, 달릴 수 있는 거리가 늘어났죠. 조금씩 조금씩 성장의 기쁨을 맛볼 수 있어서 달리기가 무척 재밌더라고요. 바람을 느끼며 발을 구를 땐 나는 듯 자유로웠죠.

달리기를 하고서 가장 먼저 어떤 변화가 찾아왔나요?

제 경우 체중 변화는 거의 없었어요. 그렇지만 '눈바디'로 보면 확연히 달랐죠. 군살 없이 탄탄한 체형이 되고 나선, 제 몸을 신뢰하게 되었어요. 그리고 무엇보다도 담대해졌어요. 예전에는 인간관계에서 불편한 감정이 들거나 스트레스 상황을 맞닥뜨리면 심장이 자주 벌렁거렸거든요. 그런데 달리면서 마음 정리를 하다 보니 담담하게 대처할 힘이 생겼어요. '쉬운 사람'이 아니라 '좋은 사람'이 되고 싶은 이상적인 모습에 점차 가까워져 가고 있어요.

가장 힘들었던 시기, 달리기는 당신에게 어떤 의미였나요?

달리기는 제게 명상에 가까워요. '어디로 뛸까?', '얼마나 뛸까?' 생각하는 사이 몸이 움직이고, 몸이 움직이는 사이 마음도 같이 움직였죠. 제 자신과 대화를 나누는 듯한 평온한 시간을 보내면서 저는 마음속 터널을 하나하나 빠져나왔어요.

당신에게 달리기는 한 단어로 뭐라고 정의할 수 있을까요?

달리기는 제 삶에 페이스메이커 같은 존재예요. 팔다리의 움직임과 호흡에 집중하면서 달리다 보면, 내가 나를 만나게 돼요. 그렇게 만난 나를 데리고서 불안하지만 한편으론 행복해지고 싶던, 터널 같은 시간을 달렸어요. 물론 지금도 그렇게 저를 데리고 가고 있고요!

달리기를 추천하는 이유는 무엇인가요?

달린다고 삶이 드라마틱하게 변하지는 않아요. 그런데 분명한 건 내가 변해요. 누구든 처음에는 달리기가 힘들고 어려워요. 하지만 내가 달릴 수 있는 속도로만 꾸준히 달리면 어느 순간에 나는 '달리는 사람'이 되어 있죠. 달리기로써 '해내는 사람'이 되는 기분을 다른 분들도 느껴보시길 바라요.

31~40번째 달리기

"무언가를 이기고 싶다면 100m를 뛰어라.
무언가를 경험하고 싶다면 마라톤을 뛰어라."

에밀 자토펙(마라토너, 올림픽 금메달리스트)

3km & 5km 달리기 도전하기

31 내 삶을 바꾼 100번의 달리기

100번의 달리기를 단지 수치로만 따지기엔 아쉬움이 있다. 그 속에는 내가 겪은 변화의 서사가 담겨 있다. 첫 번째 달리기에서 나는 거의 무너질 뻔했다. 머리가 어지럽고, 콧물은 범벅이고, 다리가 후들거리고, "왜 이걸 해야 할까?"라는 질문에 휩싸였다. 그때는 몰랐다. 그 고통이 지금의 나를 만들 것이라는 걸.

100번의 달리기를 넘기면서, 나는 중요한 교훈을 얻었다. 고통은 절대 무의미하지 않다. 고통 속에서 우리는 자신을 발견하고, 자신을 극복하는 방법을 배운다. 처음엔 힘들게 느껴졌던 1km, 5km, 10km가 점점 나를 강하게 만든다. 달리면서 스스로가 얼마나 약한 존재인지를 깨닫는데, 그러한 자기 인식은 역설적으로 내 안의 강인함을 불러일으켜 다시 나를 나아가게 만드는 원동력이 됐다.

100번째 달리기를 끝마쳤을 때, 나는 여전히 갈 길이 멀다고 느꼈다. 하지만 그것이 바로 인생이라는 것도 알게 됐다. 우리는 그 끝없는 여정 속에서 우리가 필요로 하는 모든 것을 얻는다. 내가 달린 100번은 그저 시작에 불과했다. 그리고 나는 다시 길 위에 섰다. 어쩌면 처음부터 끝이란 없었던 건지도 모른다. 그저 이어지는 길, 그리고 다시 시작되는 발걸음. 나는 101번째 달리기를 선택했다. 아무 이유 없이, 혹은 그 모든 이유를 품고.

오늘의 목표

일시　　　　　/　　　/
날씨　　☼　　☁　　☂　　❄

달리기 전 체크포인트

수면　　　　　　　　　　　시간
체력 컨디션　○----○----○----○----○
기분 컨디션　○----○----○----○----○

오늘의 달리기

코스　　　도로　트랙　공원　산/언덕
거리　　　　　　　　　　　km
소요 시간　　　　　　　　시간
평균 페이스　　　　　　min/km

달리며 좋았던 점

다음에 도전·적용할 점

오늘의 생각

---

32 러너들이 자주 쓰는 달리기 용어

페이스(Pace)
1km를 달리는 데 걸리는 시간. 1km를 6분에 달리면 6분 페이스(6'00")가 된다. 초보 러너들은 보통 7~9분 사이의 페이스로 훈련을 시작하는 경우가 많다.

LSD(Long Slow Distance)
긴 거리를 천천히 달리는 훈련. 장거리 달리기를 시작하는 초보 러너에게 특히 유용하다.

인터벌(Interval)
빠르게 달리는 구간과 천천히 달리는 구간을 번갈아 반복하는 훈련 방법. 단시간에 심폐 기능과 스피드를 향상시키는 데 효과적이지만, 부상 위험이 높아 주의해야 한다.

리커버리 런(Recovery Run)
강도 높은 훈련 후 몸의 회복을 돕기 위한 가벼운 달리기. 평소보다 훨씬 느린 속도로 3~5km 정도를 달린다.

케이던스(Cadence)
1분 동안 한쪽 발이 땅에 닿는 횟수. 1분당 170~180보가 이상적인 케이던스라고 본다.

PB/PR(Personal Best / Personal Record)
개인 최고 기록. 10km를 45분 30초에 달렸다면 '10km PB 45:30'으로 표현한다.

오늘의 목표

일시　　　　/　　　/
날씨　　☼　　☁　　☂　　❄

달리기 전 체크포인트

수면　　　　　　　　　　　　시간
체력 컨디션　○----○----○----○----○
기분 컨디션　○----○----○----○----○

오늘의 달리기

코스　　　도로　트랙　공원　산/언덕
거리　　　　　　　　　　　　km
소요 시간　　　　　　　　　시간
평균 페이스　　　　　　　min/km

달리며 좋았던 점

다음에 도전·적용할 점

오늘의 생각

---

33 나를 속이면 조금 더 달릴 수 있다

풀 마라톤 출발선 앞. 42.195km를 뛰어야 한다고 생각하면 덜컥 두려움부터 밀려온다. 결승선까지 얼마나 멀고, 얼마나 오래 달려야 하는지 숫자가 알려주고 있으니까.

나는 종종 나 자신에게 약간의 거짓말을 한다. "오늘은 30km 레이스다! 어떻게든 30km까지만 가보자." 그러면 이상하게도 마음이 조금 가벼워진다. 42.195km 완주라는 원대한 목적이 아닌, 30km라는 지금 이 순간의 목표에 집중하게 된다(평소의 훈련대로라면 어떻게든 닿을 수 있을 듯한). 그렇게 30km에 도달하면, 남은 12km는 그동안의 관성으로, 의지로, 혹은 모든 것을 체념하고라도 달려가게 된다. 놀랍게도, 그렇게 매번 결승선에 도달한다.

이 방식은 풀 마라톤뿐 아니라 5km, 10km 마라톤에도 그대로 적용된다. 풀코스를 40번 넘게 뛴 나조차도 어떤 날은 5km, 10km가 너무도 멀게 느껴져 러닝화를 신기도 전부터 지친다. 그럴 때 또 한 번 나를 속인다. "오늘은 3km까지만" 혹은 "5km까지만" 가보자. 그렇게 3km, 5km를 채우면 대개는 남은 거리를 다 채운다.

약간의 속임수, 그것만으로도 우리는 꽤 먼 곳까지 달려갈 수 있다. 달리기도, 삶도 때로는 원대한 목표를 잊어야 더 멀리 나아갈 수 있다.

오늘의 목표

일시   /   /
날씨   ☀ ☁ 🌧 ❄

달리기 전 체크포인트

수면   시간
체력 컨디션   ○----○----○----○----○
기분 컨디션   ○----○----○----○----○

오늘의 달리기

코스   도로 트랙 공원 산/언덕
거리   km
소요 시간   시간
평균 페이스   min/km

달리며 좋았던 점

다음에 도전·적용할 점

오늘의 생각

---

34 러너가 알아야 할 내리막 달리기 기술

초보 시절, 내리막을 만나면 나는 바로 걷기로 전환했다. 워낙 무릎이 좋지 않은 상태에서 달리기를 시작했기 때문이다. 물론 나처럼 해도 무방하지만 무리가 가지 않게 내리막을 달리는 방법을 소개하고 싶다.

내리막길을 달리다 보면 자연스럽게 속도가 붙는다. 처음에는 편하게 느껴질 수도 있지만, 속도가 붙으면 발목이나 무릎에 과한 부담이 가해진다. 이럴 땐 안정적으로 속도를 조절하는 기술이 필요하다.

제일 중요한 점은 상체의 균형 유지다. 많은 초보 러너들은 내리막에서 몸을 과하게 뒤로 젖혀 속도를 줄이려고 하는데, 이는 오히려 무릎과 허리에 충격을 더 준다. 그 대신, 상체를 아주 약간만 앞으로 기울인 상태에서 몸의 중심을 유지하며 속도를 줄인다는 느낌으로 내려가는 것이 좋다. 이때 보폭을 최대한 줄이고 종종 걸음으로 달리면 자연스럽게 속도가 줄 것이다.

착지 방식도 중요하다. 발뒤꿈치부터 착지하면 충격이 발목과 무릎으로 집중된다. 따라서 발바닥 전체 또는 앞부분을 이용해 가볍게 착지하면서 지면을 밀어내는 느낌으로 달려야 부담을 줄일 수 있다.

달리기에 익숙해지고 무릎과 발목 등이 강화되면 내리막을 거침없이 내달려도 괜찮아질 때가 반드시 온다.

오늘의 목표

일시　　　　　/　　　/
날씨　　☼　☁　☂　❄

달리기 전 체크포인트

수면　　　　　　　　　　　시간
체력 컨디션　○----○----○----○----○
기분 컨디션　○----○----○----○----○

오늘의 달리기

코스　　도로　트랙　공원　산/언덕
거리　　　　　　　　　　　km
소요 시간　　　　　　　　시간
평균 페이스　　　　　　　min/km

달리며 좋았던 점

다음에 도전·적용할 점

오늘의 생각

---

35 나를 재정의하는 시간

"왜 나는 항상 시작만 거창할까?"

이런 말, 당신도 한 적 있지 않은가? 나도 그랬다. 실패한 경험들이 쌓이다 보면 나라는 사람의 특성이 곧 실패인 양 믿게 된다.

그런데 달리면서 그 믿음이 흔들리기 시작했다. 처음엔 '딱 일주일만 해보자'는 생각으로 시작했다. 그런데 일주일이 지나고, 또 한 주가 지나고, 한 달이 채워졌다. 그때 이런 생각이 들었다.

'어? 나 원래 이런 사람이 아닌데…'

나는 '원래 그런 사람'이었던 게 아니라, '그렇게 살았던 시간'이 있었을 뿐이었다. 지금 당장 다르게 행동하면, '그런 사람이 아닌 사람'이 될 수 있었다.

달리기는 나를 새롭게 재정의하는 시간이다.

"나는 한번 마음먹으면 해내는 사람이야."

"나는 오늘 어제보다 나은 선택을 한 사람이야."

"나는 다시 시작할 수 있는 사람이야."

우리는 스스로를 너무 쉽게 규정한다. "나는 안 돼." "나는 원래 그래." 그 고정관념은 대부분 과거의 몇 가지 경험에서 온다. 하지만 달리기는 매일의 행동으로 그 틀을 깨트린다. 발을 내딛는 순간, 나는 더이상 어제와 같은 사람이 아니다. 새로운 정체성은 반복되는 실천에서 비롯된다. 내가 어떤 사람인지 말로 설명하려고 하지 말자. 그냥 달리자. 그걸로 충분하다.

오늘의 목표

일시　　　　　/　　　/
날씨　　☼　　☁　　☂　　❄

달리기 전 체크포인트

수면　　　　　　　　　　　시간
체력 컨디션　○----○----○----○----○
기분 컨디션　○----○----○----○----○

오늘의 달리기

코스　　　도로　트랙　공원　산/언덕
거리　　　　　　　　　　　　km
소요 시간　　　　　　　　　시간
평균 페이스　　　　　　　min/km

달리며 좋았던 점

다음에 도전·적용할 점

오늘의 생각

---

36 달리기 전 해야 할 준비 루틴 3가지

달리기 전, 꼭 지키려고 하는 나만의 루틴 3가지가 있다.

첫째, 수분과 영양 보충. 집을 나서기 전, 물 한 컵(300ml)을 꼭 마신다. 적당한 수분 보충을 하고 나가면 약 1시간 정도는 수분 보충 없이 달릴 수 있다. 60분 이내로 달릴 때는 가급적 공복을 유지하는 편이지만, 그 이상 달릴 때는 소화가 잘 되면서 영양 보충이 가능한 음식을 가볍게 먹는다. 주로 바나나, 견과류 등이다.

둘째, 근육과 관절을 깨우기. 달리기 전에는 정적인 스트레칭보다는 동적인 워밍업(다이내믹 스트레칭)이 효과적이다. 간단한 워밍업으로 몸의 온도를 올리고 관절의 가동 범위를 넓혀주면, 달릴 때 몸이 훨씬 부드럽다.

추천 워밍업 루틴 (총 5~10분)

① 레그 스윙(다리 흔들기) 10회 → 고관절 가동성 향상
② 하이니(무릎 올리기) 10~15회 → 햄스트링과 둔근 활성화
③ 런지트위스트 10회 → 하체 근육과 척추 회전 가동성 향상
④ 스킵(가볍게 뛰기) 30초 → 달리기 모드로 전환

셋째, 멘탈과 페이스 전략 정하기. 어느 정도의 거리를 채울지(거리주), 얼마만큼의 시간을 채울지(시간주), 어느 정도의 속도를 유지할 것인지(페이스주) 목표를 세우고, 오늘 달리면 어떤 부분이 강화될 수 있을지도 미리 마인드셋 해둔다.

오늘의 목표

일시   /   /
날씨   ☀   ☁   🌧   ❄

달리기 전 체크포인트

수면   시간
체력 컨디션   O----O----O----O----O
기분 컨디션   O----O----O----O----O

오늘의 달리기

코스   도로   트랙   공원   산/언덕
거리   km
소요 시간   시간
평균 페이스   min/km

달리며 좋았던 점

다음에 도전·적용할 점

오늘의 생각

37 달리기가 가르쳐준 '포기하지 않는 법'

'포기'는 어느 순간에 찾아오는 걸까? 끝까지 해내지 못할 거라는 확신이 들 때일까? 아니면 앞으로 나아갈 동력을 더 이상 얻지 못할 때일까?

나는 오랫동안 포기에 대해 잘못된 믿음을 가지고 있었다. 포기는 약한 사람들의 선택이고, 끝까지 버티는 사람들만이 강하다고 생각했다. 하지만 달리기를 하면서 깨달았다. 포기란 하던 일을 견뎌낼 힘이 없어서 하는 것이 아니었다. 어느 순간 그것이 '의미 없다'고 느껴질 때 찾아왔다.

빅터 프랭클은 말했다. "어떤 상황에서도 삶의 의미를 발견하는 사람은 그것을 견뎌낼 수 있다." 이것이 달리기가 가르쳐준 중요한 교훈이다. 속도를 늦춰도 괜찮고, 잠시 걸어가도 괜찮다. 하지만 나아가려는 의지를 잃는 순간, 우리는 정말로 멈추게 된다.

포기하지 않는다는 것은 의지가 굳세냐 아니냐의 문제가 아니다. 포기하지 않는다는 것은 내 앞에 펼쳐진 길을 계속 걸어야 할 이유를 찾는 일과 다르지 않다. 그리고 달리기는 언제나 그 이유를 가르쳐준다. 포기는 우리가 더 이상 의미를 찾지 못하는 순간 결정된다. 그러나 달리면 알게 된다. 한 걸음 더 내딛는 것만으로도, 의미는 다시 만들어질 수 있다.

그래서 나는 오늘도 달린다. 결승선이 어디에 있든, 설령 그것이 지금은 보이지 않더라도.

오늘의 목표

일시　　　　/　　　/
날씨　　☼　△　☂　❄

달리기 전 체크포인트

수면　　　　　　　　　　시간
체력 컨디션　○----○----○----○
기분 컨디션　○----○----○----○

오늘의 달리기

코스　　　도로　트랙　공원　산/언덕
거리　　　　　　　　　　km
소요 시간　　　　　　　　시간
평균 페이스　　　　　　min/km

달리며 좋았던 점

다음에 도전·적용할 점

오늘의 생각

---

38 정말 달리기 싫은 날, 어떻게 극복할 것인가?

올해로 13년 차 러너인 내가 전혀 지루하지 않게 달려왔다고 말한다면 믿어지는가? 당연하게도 거짓말이다. 지금도 몇 달에 한 번씩은 지독히도 달리기 싫은 날들이 어김없이 찾아온다. 이럴 때 밖으로 나가는 데 효과가 직방인 나만의 방법이 있다.

일단 머릿속에서 생각을 없앤다. '오늘 꼭 뛰어야 해', '이러다 습관이 깨지면 어떡하지?' 같은 생각을 하는 순간, 달리기는 부담스러운 과제가 된다. 생각이 많아지면 패배의 확률이 높아진다. 이럴 땐 그냥 몸부터 움직이는 거다. 러닝화를 신고, 현관문을 연다. 그게 전부다. 뛰든 안 뛰든, 걸어 나가는 것만으로도 절반은 해낸 거다.

두 번째는 나를 속이는 것이다. '달릴 필요 없어. 바람이나 쐬러 나가는 거야'라고 스스로에게 되뇐다. 그저 몸을 밖으로 끌어내는 것이 목표다. 운동이라는 생각을 지우면 이상하게도 마음이 가벼워진다. '달리기 싫으면 주로 근처 커피숍에서 아메리카노 한 잔 마시고 돌아와야지' 하는 마음으로 우선 나간다.

마지막으로, 내일 아침의 내 모습을 떠올린다. 가뿐하게 일어나서 또 한 번 달린 나와, 이불 속에서 늑장을 부리는 나. 둘 중 내가 원하는 모습은 어느 쪽일까? 후자의 모습이 떠오르면, 작은 행동이라도 하게 된다. 문을 나서면 이미 갈등은 종료된 상태다. 나가서 잠시 걷다 보면 몸이 깨어나고, 달리고 싶은 의지가 다시 일어난다. 이렇게 나를 이겨내고 '결국 나왔다'는 승리감이 몸과 마음을 가볍게 한다.

오늘의 목표

일시　　　　　/　　　/
날씨　　☼　☁　☂　❄

달리기 전 체크포인트

수면　　　　　　　　　　시간
체력 컨디션　○----○----○----○----○
기분 컨디션　○----○----○----○----○

오늘의 달리기

코스　　　도로　트랙　공원　산/언덕
거리　　　　　　　　　　　km
소요 시간　　　　　　　　시간
평균 페이스　　　　　　min/km

달리며 좋았던 점

다음에 도전·적용할 점

오늘의 생각

---

39 달리기가 끝난 후에 찾아오는 것

나는 달린다. 어제도 달렸고, 오늘도 달렸고, 아마 내일도 달릴 것이다. 그 과정에서 얻는 것은 많지도 적지도 않다. 달린다고 엄청난 변화가 당장 일어나지도 않는다.

달리다 보면 몸이 무겁고 숨이 가빠져 포기하고 싶은 마음이 간절해지는 순간이 온다. 하지만 그럴 때도 그냥 계속 달리곤 한다. 그 순간만큼은 달리는 게 유일한 '나의 일'이기 때문이다. 이상하게도, 힘든 시간을 버티고 나면 항상 같은 결론에 도달한다. '그래도 결국 나는 또 달려냈구나.'

달리기를 마쳐도 여전히 나는 나고, 세상은 여전히 어제와 똑같다. 그럼에도 보이지 않는 뭔가가 내 안에 조금 쌓인 듯한 느낌이 든다. 그것이 성취감인지, 단순한 피로감인지 알 수 없지만, 달린 후의 나는 달리기 전의 나보다 조금 더 단단해져 있다.

이 기분을 맛보면, 달리지 않을 수 없다. 물론 그래도 힘든 날이 있고, 도무지 발이 떨어지지 않는 날도 있다. 하지만 그런 날일수록 마음먹는다. 그래도 결국 나는 해내겠지. 그리고 러닝화를 신고, 또 한 번 길 위로 나선다.

오늘의 목표

일시   /   /
날씨   ☀ ☁ 🌧 ❄

달리기 전 체크포인트

수면   시간
체력 컨디션   ◯----◯----◯----◯----◯
기분 컨디션   ◯----◯----◯----◯----◯

오늘의 달리기

코스   도로   트랙   공원   산/언덕
거리   km
소요 시간   시간
평균 페이스   min/km

달리며 좋았던 점

다음에 도전·적용할 점

오늘의 생각

40 비 오는 날에도 달리는 이유

대부분의 사람들은 비가 오면 달리기를 쉰다. 나 또한 아침에 눈을 떴을 때 비가 내리고 있으면 괜히 나가기가 망설여진다. 하지만 달리는 도중 비가 내린다면?

그건 조금 다른 얘기다. 오히려 이쪽은 '극호'에 가깝다. 몸에 열기가 오른 상태에서 비를 맞으면 온몸의 감각이 살아나는 듯 특별한 경험을 할 수 있기 때문이다.

몸에 스치는 빗방울, 축축한 바람, 젖은 아스팔트를 밟는 소리. 이 모든 것이 평소와는 다른 감각을 만들어낸다. 사람도 거의 없는 고요한 길을 몰입해서 달리는 즐거움은 해본 사람만이 안다. 비 오는 날은 나만의 프라이빗 트랙이 생기는 셈이다.

비가 내린 직후엔 대기 중 먼지가 씻겨 나가서 더 깊고 부드럽게 숨을 내쉴 수 있다. 이런 날은 평소보다 호흡이 더 잘 되고 페이스도 안정적으로 유지된다. 무엇보다도 '우중 런'은 어린 시절로 되돌아간 듯한 기분을 선사한다. 신발이 젖어도 옷이 젖어도 전혀 신경 쓰지 않던 그 시절처럼, 살면서 언제 또 빗속을 달려볼 기회가 있을까? 이런 날은 현실의 무게를 잠시 벗고 그저 '달리는 나'에만 집중하게 된다.

물론 옷은 젖고 신발도 무거워진다. 하지만 그런 불편함을 이기고 나면 달리기를 진짜 즐기는 법을 알게 된다. 비 오는 날 달린다는 건, 기분에 휘둘리지 않고 행동하는 연습이다. 어쩌면 삶에서 가장 필요한 훈련이다.

오늘의 목표

일시　　　　　/　　　/
날씨　　☼　　◯　　☁　　❄

달리기 전 체크포인트

수면　　　　　　　　　　　시간
체력 컨디션　◯----◯----◯----◯----◯
기분 컨디션　◯----◯----◯----◯----◯

오늘의 달리기

코스　　　　도로　트랙　공원　산/언덕
거리　　　　　　　　　　　　　km
소요 시간　　　　　　　　　　시간
평균 페이스　　　　　　　　min/km

달리며 좋았던 점

다음에 도전·적용할 점

오늘의 생각

Check out

31~40번째 달리기 점검하기

그간의 달리기는 어떠셨나요?
10번의 달리기를 돌아보며 전반적으로 어떠했는지 점검해봅시다.

1	달리기 전 충분히 워밍업을 했는가?	○----○----○
2	달리는 동안 내 몸이 어떤지 주의를 기울였는가?	○----○----○
3	무리하지 않고 페이스를 조절했는가?	○----○----○
4	달린 후 충분히 스트레칭을 했는가?	○----○----○
5	달린 후 그날의 달리기를 충분히 돌아봤는가?	○----○----○
6	미션 달성 수준은 전반적으로 어떠한가?	○----○----○

10번 달린 후의 변화		다음 10번의 달리기 목표	
누적 거리	km	누적 거리	km
체중	kg	체중	kg

Interview

113kg에서 시작된 변화의 여정

러너 박경식

직장인인 박경식 러너는 누구보다 운동을 멀게 느꼈던 사람이었다. 술과 음식을 워낙 좋아해 마구잡이로 즐기다 보니 체중이 어느새 113kg이라는 숫자를 찍었다. 혼자 양말을 신는 일조차 힘겨웠다.

그러던 중 변화의 소용돌이에 휘말리게 되었다. 우연히 보스턴 마라톤 대회에 동반자 자격으로 갈 기회를 만난 것. 문득 내면에 물음표가 하나 생겼다. '나는 왜 동반자여야 하지? 왜 당당히 '러너'로서 함께하지 못하지?' 그게 본격적인 시작이었다. 도전은 두려웠지만, '나도 할 수 있지 않을까?'라는 왠지 모를 희망이 움텄다. 그는 결국 30kg 가까이 감량하고 풀코스 마라톤을 5시간 22분의 기록으로 완주했다.

왜 달리기를 시작하게 됐나요?

워낙 술과 음식을 좋아했었는데요. 건강에 적신호가 켜지기 직전이라 느꼈을 때, 그즈음 보던 〈마라닉 TV〉의 재진 님처럼 매일 10km씩 달린다면 식단을 철저히 관리하지 않아도 건강을 지킬 수 있으리라는 판단이 들었습니다. 당시 저는 체중이 113kg이었어요. 매일 아침 침대에서 일어날 때 '이러다 혹시 허리가 삐끗하지 않을까?' 싶어 조심조심 몸을 일으켰죠. 업무 특성상 음주를 곁들인 회식도 잦았는데, 술잔을 기울이면서도 자괴감이 이만저만이 아니었어요. 그러다가 우연한 기회로 보스턴 마라톤에 재진 님의 동반자 자격으로 가게 되었습니다. 희한하게도 '왜 나는 러너로 출전하지 못할까?' 하고 자문하게 되더라고요. 그렇게 막연한 욕심이 들어서 본격적으로 달리기를 시작해보기로 했습니다.

처음 러닝화를 신었을 때, 어떤 마음이었나요?

'이제는 해야 한다'라는 마음이 제일 먼저 들었고, 달리기를 위해 새로 산 러닝화를 보니 기분이 절로 좋아졌습니다. '처음이지만, 그래도 1시간은 뛸 수 있지 않을까?' 하는 근거 없는 긍정과 함께 '꼭 이뤄야겠다'는 책임감 사이를 오락가락했죠.

달리기를 하고서 가장 먼저 어떤 변화가 찾아왔나요?

넘쳐나는 의지와는 다르게, 몸은 무겁고 괴로웠습니다. 객관적으로 몸으로 느끼는 괴로움만 놓고 보면 '과연 내일은 달릴 수 있을까?' 싶은 상태였죠. 그런데 참 이상하게도 내면에선 긍정적인 느낌이 솟아올랐어요. '그래도 결국 해내고 있구나' 하는 자신감과 스스로에 대한 믿음이, 다음 날에도 뛰러 나갈 수 있는 힘을 주었습니다.

가장 힘들었던 시기, 달리기는 당신에게 어떤 의미였나요?

솔직히 말하면, 가장 힘들었던 시기에 달리기는 또 다른 괴로움이었어요. 정신적으로 괴로울 때 술이나 마시고 걱정은 잠시 잊고 싶은데, 달리기는 어쨌건 목표로 하는 도전을 수행하기 위한 일이니까요. 하지만 술로 잊은 즐거움은 금방 사라져서 곧 다시 저를 자책하게 만든다는 걸 알았고, 달리기를 통한 '건강한' 힘듦이 걱정을 다른 방향으로 전환시킨다는 걸 깨달았어요. 달리기를 마무리할 때쯤엔 '힘들었지만, 잘 뛰었어!' 하고 스스로를 독려하기도 하고, 달리는 동안에는 달리는 행위에 집중하느라 걱정이 잠시 잊히기도 했고요.

당신에게 달리기는 한 단어로 뭐라고 정의할 수 있을까요?

날마다 뛸지 말지 여전히 고민하기도 하지만… (웃음) 나를 더 행복하게 만들어주는 감사한 선물!

달리기를 추천하는 이유는 무엇인가요?

몇 가지 이유가 있는데요. 우선 달리기는 공간이나 시간에 큰 구애를 받지 않고, 꼭 누군가와 함께할 필요가 없는 운동이란 점이죠. 특별한 준비를 할 필요가 없어서 당장 시작하기 좋아요. 또 다른 이유는 도전의식을 고취한다는 점이에요. 물론 처음에는 도전의식이 생기기 어려울 수 있어요. 그러나 꾸준히 하다 보면 거리든 속도든 목표가 생기죠. 개인적 목표를 달성한다고 누가 알아주는 것도 아니지만, 이런 작은 성공을 하나씩 이루다 보면 스스로 가치 있는 사람으로 느껴져요. 그러면서 조금씩 더 어렵고 힘든 도전을 하게 됩니다. 그리고 결국은 해내게 되고요. 한편으로는 이런 과정에서 내 한계나 취약함에 대해서도 생각해보게 됩니다. 목표를 빠르게 이루고 싶어 무리하게 운동하면 결국은 오랜 시간을 쉬어야 하고 포기해야 할 게 많아지더라고요. 더 멀리 가려면 욕심을 내려놓고 가벼운 마음으로 해야 한다는 걸 몸소 느꼈어요. 몇 가지 이유를 단 하나로 정리하자면, 저는 달리기가 '나를 잘 알게 해주는 운동'이라는 점 때문에 추천하고 싶어요.

41~50번째 달리기

"성공이 끝은 아니며, 실패가 치명적이지도 않다.
중요한 것은 계속할 용기다."

윈스턴 처칠(정치가, 저술가)

30분 & 60분 연속 달리기 완성하기

41 달리기는 내게 주는 최고의 선물

어떤 날은 아무 이유 없이 러닝화를 신고 나선다. 그냥 그렇게 해야 할 것 같아서. 특별한 목적이 없어도 물 흐르듯 자연스럽게. 다른 어떤 날은 너무 지쳐서, 아무것도 하기 싫어서 나선다. 마치 달리기가 내 인생에 마지막 남은 선택지인 것처럼. 또 다른 날은, 이유를 찾을 겨를도 없이 무작정 내달리기 시작한다.

선물은 꼭 누군가에게서 받아야 하는 것이 아님을 달리면서 깨달았다. 달릴 때마다 나는 스스로에게 작은 선물을 주고 있었다. "오늘도 잘하고 있어", "이만하면 충분해", "조금만 더 가보자". 그런 말들이 발걸음과 함께 반복된다.

누군가는 달리기를 힘든 운동이라고 한다. 지겹고 고통스럽고 스스로를 괴롭히는 일이라고도 한다. 하지만 내게 달리기는 오롯이 나만을 위한 시간을 선사한다. 아무도 방해하지 않는, 누구의 눈치도 보지 않는, 그저 발을 내디디며 나 자신과 마주하는 시간. 그게 좋다.

어떤 날은 달리다가 의문이 들곤 한다. 이 길의 끝에 무엇이 있을까? 내가 가는 곳이 어디일까? 하지만 곧 깨닫는다. 달리기는 목적지보다 과정이 중요한 운동이라는 걸. 달리는 속도는 중요하지 않다. 잠시 멈췄다가 다시 뛰어도 상관없다. 나는 여전히 나아가고 있다는 사실 하나만 중요하다.

오늘의 목표

일시　　　　/　　　/
날씨　　☼　　☁　　☂　　❄

달리기 전 체크포인트

수면　　　　　　　　　　시간
체력 컨디션　○----○----○----○
기분 컨디션　○----○----○----○

오늘의 달리기

코스　　　도로　트랙　공원　산/언덕
거리　　　　　　　　　　km
소요 시간　　　　　　　　시간
평균 페이스　　　　　　min/km

달리며 좋았던 점

다음에 도전·적용할 점

오늘의 생각

---

42 혼자 달리기와 같이 달리기

혼자 달리기를 선호하는 러너가 있고, 둘이든 여럿이든 같이 달리기를 더 좋아하는 러너가 있다. 각기 장점이 명확하기에 두 그룹의 러너 모두가 이해가 된다.

혼자 달릴 때는 내 몸의 소리에 더 집중할 수 있다. 심박, 숨소리, 피로감을 있는 그대로 느끼면서 누구의 눈치도 보지 않고 내게 맞는 페이스로 달릴 수 있다. 나는 회복 주간이나 장거리 LSD 같은 조절이 중요한 훈련엔 솔로 러닝이 잘 맞는다. 페이스에 민감한 훈련일수록 혼자 달리는 게 효율적일 때가 많다.

반대로 누군가와 함께 달릴 때는 자연스럽게 더 강한 자극이 들어온다. 평소보다 페이스가 올라가고, 지치려는 순간 같이 달리는 타인의 존재만으로도 한 걸음 더 내딛게 된다. 함께 맞추는 발소리, 숨소리가 리듬을 끌어올려 주기도 한다. 그래서 인터벌, 템포런, 언덕 훈련 같은 고강도 세션에는 동료 러너의 힘이 큰 도움이 된다.

나는 이 두 가지를 병행하면서 때에 따라선 적절히 섞어가며 즐긴다. 가령 그룹으로 함께 달리며 페이스를 신경 쓰지 않는 것이다. 물론 같이 달리는 러너들끼리 합의에 이를 때 가능한데, 요즘은 이렇게 크루원끼리 서로의 페이스에 맞춰주는 분위기가 많이 형성되고 있다.

함께 달리며 주고받는 짧은 대화, 눈빛, 가벼운 농담 한마디가 달리기를 훨씬 더 따뜻하고 즐거운 경험으로 만든다.

오늘의 목표

일시   /   /
날씨   ☀   ☁   🌧   ❄

달리기 전 체크포인트

수면   시간
체력 컨디션   ○----○----○----○----○
기분 컨디션   ○----○----○----○----○

오늘의 달리기

코스   도로   트랙   공원   산/언덕
거리   km
소요 시간   시간
평균 페이스   min/km

달리며 좋았던 점

다음에 도전·적용할 점

오늘의 생각

---

43 생각을 정리하는 가장 좋은 방법

가끔 그런 날이 있다. 머릿속이 복잡해서 아무것도 손에 잡히지 않는 날. 어떤 생각은 붙잡아도 흐릿하고, 어떤 생각은 필요 이상으로 선명하다. 한 가지를 정리하면 또 다른 생각이 끼어들어 결국 처음과 똑같이 혼돈의 상태. 그럴 땐 주섬주섬 운동복을 챙겨 입는다. 일단 밖으로 나가 달리는 게 가장 확실한 해결책이라는 걸 알기 때문이다.

달리기 초반에는 머릿속이 더 산만해지는 경향이 있다. 내딛는 걸음마다 머릿속에서 크고 작은 문제들이 튀어나온다. 자질구레한 걱정부터 해야 할 일, 하지 못한 일, 하지 말았어야 할 일….

하지만 일정한 리듬으로 발을 움직이다 보면, 그 생각들이 발걸음에 맞춰 정렬되는 듯하다. 무질서하게 흩어져 있던 것들이 서서히 흐름을 타고, 덜 중요한 것들은 자연스럽게 뒤로 밀려난다. 애써 정리하려 하지 않아도 몸이 움직이는 동안 머릿속에도 같은 흐름이 생겨나서 뒤따라 달려 나가는 것 같다. 별생각 없이 발을 움직이지만, 어느 시점에선 머릿속이 한결 맑아진다. 억지로 해결하려고 붙잡고 있을 땐 전혀 풀리지 않던 문제들이, 오히려 신경 쓰지 않을 때 자연스럽게 제자리를 찾아간다.

달리기를 마칠 즈음엔 필요한 것들은 남고, 불필요한 것들은 흩어진다. 가만히 앉아 있을 때는 이 명쾌한 결말에 다다르기가 퍽 어렵다. 달리기는 그런 점에서 훌륭한 생각 정리 도구다.

오늘의 목표

일시   /   /
날씨   ☀ ☁ 🌦 ❄

달리기 전 체크포인트

수면   시간
체력 컨디션 ○----○----○----○
기분 컨디션 ○----○----○----○

오늘의 달리기

코스   도로 트랙 공원 산/언덕
거리   km
소요 시간   시간
평균 페이스   min/km

달리며 좋았던 점

다음에 도전·적용할 점

오늘의 생각

44 상체 흔들림을 최소화해야 하는 이유

달릴 때 상체가 많이 흔들리면 불필요한 에너지가 낭비되기에 달리기 효율이 떨어진다. 상체의 흔들림을 최소화하기 위한 몇 가지 포인트들을 공유해보겠다.

가장 먼저 팔의 움직임을 살펴보자. 팔을 좌우가 아닌 앞뒤로 자연스럽게 흔들어야 한다. 나는 팔을 좌우로 많이 흔들어서 이를 바로잡고자 일부러 러닝 가방을 메고서 앞쪽에 달린 끈을 붙들고 달리는 연습을 1년 넘게 했다. 자연스럽게 팔이 겨드랑이에 붙으면서 앞뒤로 흔드는 자세로 교정되었다. 손에 불필요한 힘이 들어가지 않도록 가볍게 말아 쥐고 달리는 연습도 중요하다.

코어 근력이 부족해도 상체가 흔들릴 수 있다. 코어 근육(복부·허리 근육)이 약하면 몸을 제대로 지탱하지 못해서 몸이 흔들리기 쉽다. 플랭크, 러시안트위스트, 레그레이즈 같은 코어 강화 운동을 병행하면 달리기 자세를 더욱 안정적으로 유지할 수 있다.

상체 흔들림을 줄이는 또 하나의 방법은 보폭과 착지 지점을 조절하는 것이다. 보폭이 과하게 크면 상체가 앞뒤로 흔들리고, 착지가 불안정해질 수 있다. 자신의 몸에 맞는 적절한 보폭을 유지하고, 발이 몸의 중심 아래쪽에 착지하도록 신경 쓰면 자연스럽게 흔들림이 줄어든다.

그럼에도 상체가 많이 흔들린다면 몸의 구조도 점검해볼 필요가 있다. 나는 오른쪽 다리가 반대쪽에 비해 몇 cm 정도 짧다는 걸 뒤늦게 알게 됐다. 이렇게 몸의 좌우 비대칭이 심하다면 맞춤형 깔창 등으로 조정하는 방법을 추천한다.

오늘의 목표

일시   /   /

날씨   ☀ ☁ ☂ ❄

달리기 전 체크포인트

수면   시간

체력 컨디션   ○----○----○----○----○

기분 컨디션   ○----○----○----○----○

오늘의 달리기

코스   도로   트랙   공원   산/언덕

거리   km

소요 시간   시간

평균 페이스   min/km

달리며 좋았던 점

다음에 도전·적용할 점

오늘의 생각

---

45 내가 통제할 수 있는 것과 없는 것

내가 아무리 애를 써도 절대 바꿀 수 없는 것들이 있다. 날씨가 그렇고, 강한 바람이 그렇고, 예상치 못한 몸 상태가 그렇다.

제대로 달려보겠다고 나선 날, 하필이면 미세먼지가 심할 수 있다. 컨디션이 좋다고 생각했는데, 갑자기 발목이 시큰거릴 수도 있다. 출발할 땐 햇살이 좋았는데, 돌아올 땐 비가 쏟아질 수도 있다.

하지만 바꿀 수 없는 것에 집중하면 아쉽기만 한 상태에 잠식될 뿐이다. 내가 바꿀 수 있는 것은 정작 따로 있는데.

예를 들면, 폭우가 쏟아지는 걸 멈출 순 없지만, 트레드밀에서 달리길 선택할 수는 있다. 바람의 방향을 바꿀 순 없지만, 달리는 방향을 바꿔볼 수는 있다. 컨디션이 완벽하지 않아도, 원래보다 속도를 낮춰 달릴 수는 있다. 그러니 내가 할 일은 명확하다. 불가능한 것을 붙잡고 한탄하는 대신, 바꿀 수 있는 것에 집중하는 것.

모든 상황이 내 뜻대로 흘러가지 않는다. 언제 어디서든 예상치 못한 장애물이 나타난다. 하지만 우리는 대안을 선택할 수는 있다. 환경을 탓하며 그대로 멈춰 있을 것인가, 내가 바꿀 수 있는 것에 집중한 채로 조금이나마 나아갈 것인가?

아무것도 할 수 있는 게 없다고 느꼈던 날, 나는 달리기를 선택했다. 누가 뭐라고 하든 달리기만큼은 내 두 발로 해낼 수 있는 일이었다. 나는 내가 바꿀 수 있는 것에만 관심을 두기로 했다.

오늘의 목표

일시　　　　　/　　　/
날씨　　☼　　☁　　☂　　❄

달리기 전 체크포인트

수면　　　　　　　　　　시간
체력 컨디션　○----○----○----○----○
기분 컨디션　○----○----○----○----○

오늘의 달리기

코스　　　도로　트랙　공원　산/언덕
거리　　　　　　　　　　km
소요 시간　　　　　　　시간
평균 페이스　　　　　min/km

달리며 좋았던 점

다음에 도전·적용할 점

오늘의 생각

46 달리기가 숙면을 방해한다?

달리는 습관을 들이고 좋았던 점은 숙면에 들 수 있다는 사실이었다. 머리가 닿기도 전에 스르르 눈이 감기는 느낌이 무척 행복했다. 한데 달리고 나서 쉽게 잠들지 못한다거나 몸은 지쳐 있는데 머릿속은 각성되었다거나 선잠이 들어가다 곧 깨는 경험을 한다는 러너들이 종종 있다.

이는 달리기를 해서 활성화된 신경과 근육이 완전히 이완되지 않은 탓이다. 숙면하려면 달린 후 몸을 최대한 빠르게 회복시키는 것이 중요한 이유다. 그러면 숙면을 돕는 효과적인 달리기 루틴을 알아보자.

먼저, 과각성 상태를 조절하는 것이 핵심이다. 특히 저녁 시간대에 강한 강도의 달리기를 하면, 심박수가 높아지고 신경이 활성화되면서 쉽게 잠들기 어렵다. 그러므로 저녁 시간대 달리기는 강도를 적절히 조절하고, 너무 늦은 시간에는 가급적 달리지 않는 편이 낫다. 잠들기 최소 2~3시간 전에는 운동을 마치는 것이 이상적이며 어쩔 수 없다면 강도 높은 훈련보다는 가벼운 러닝이나 조깅을 추천한다.

또한 근육이 긴장된 상태로 잠자리에 들면 자다가 미세한 근육 경련이 일어날 수 있다. 따라서 가볍게 스트레칭하거나 폼롤러를 이용해서 다리와 허리 근육을 부드럽게 풀어주자. 샤워를 하거나 반신욕으로 몸을 이완시키는 것도 효과적이다.

오늘의 목표

일시　　　/　　　/
날씨　　☼　△　☁　✳

달리기 전 체크포인트

수면　　　　　　　　　　시간
체력 컨디션　○----○----○----○----○
기분 컨디션　○----○----○----○----○

오늘의 달리기

코스　　도로　트랙　공원　산/언덕
거리　　　　　　　　　　km
소요 시간　　　　　　　시간
평균 페이스　　　　　min/km

달리며 좋았던 점

다음에 도전·적용할 점

오늘의 생각

---

47 달리기를 하면 두려움이 사라진다

불안은 언제나 우리보다 한발 앞서 나간다. 아직 오지 않은 날들을 먼저 그려내며, 가장 어두운 시나리오를 서둘러 만들어낸다. 뭔가를 시작하기 전부터 실패할 수도 있다는 생각이 덮쳐온다.

나는 달리기를 시작하고 그런 불안이 희미해졌다. 러닝화 끈을 조이고 한 걸음 내디딜 때, 그 순간에는 당장 '지금'이 중요하다. 숨을 들이마시고 내쉬는 강도, 앞으로 나아가는 한 발의 보폭, 팔 움직임의 자연스러움. 이런 단순한 움직임들이 모든 복잡한 생각을 밀어낸다. 머릿속에 꽉 뭉쳐있던 불안의 실타래가 조금씩 풀려 나가는 것을 느낀다.

알랭 드 보통은 말했다. "우리는 현재를 살지 않는다. 대신 다가오지 않은 미래를 걱정하며 시간을 낭비한다."

달리기는 그런 우리를 현재로 끌어온다. 다음 달, 내년, 10년 후가 아니라, 바로 지금 내 몸이 어디에 있는지를 각성하도록 도와준다. 발을 구르다 보면 미래에 대한 불안은 멈춰있을 때 더 커짐을, 아무리 작은 걸음이라도 일단 움직이면 더 이상 불안이 우리를 따라올 수 없음을 체득한다.

오늘의 목표

일시   /   /
날씨   ☀   ☁   🌧   ❄

달리기 전 체크포인트

수면   시간

체력 컨디션   ○----○----○----○----○

기분 컨디션   ○----○----○----○----○

오늘의 달리기

코스   도로   트랙   공원   산/언덕

거리   km

소요 시간   시간

평균 페이스   min/km

달리며 좋았던 점

다음에 도전·적용할 점

오늘의 생각

---

48 심박수를 활용한 훈련 방법

심박수를 활용하면 거리나 속도를 기준으로 하는 훈련보다 훨씬 체계적이고 효율적으로 달릴 수 있다. 심박수 기반 훈련은 개인의 체력 수준에 맞게 운동 강도를 조절하고, 효과적으로 지구력을 향상시키며, 부상을 예방하는 데 도움을 준다.

심박수 기반 훈련에서는 최대심박수(Maximum Heart Rate, MHR)를 기준으로 운동 강도를 설정한다. 일반적으로 최대심박수는 '220-나이'로 계산한다. 운동 강도는 보통 최대심박수 대비 몇 % 수준에서 운동을 하는지에 따라 존 1(50~60% MHR)부터 존 5(90~100% MHR)까지 다섯 영역으로 구분된다..

이 책을 읽는 분들이라면 최대심박수 대비 60~70% 수준인 '존 2(Zone 2)' 훈련을 주로 하는 것이 좋다. 직관적으로 말하자면 이 영역은 대화가 가능할 정도의 편안한 속도로 달릴 때의 운동 강도다. 존 2는 체지방이 효율적으로 연소되면서 심폐지구력을 기를 수 있는 안정적인 훈련 영역이면서 부상의 위험은 낮아 꾸준히 달리기를 이어가는 데 적합하다. 달리기의 즐거움을 맛보면서 오래 달릴 수 있는 페이스를 찾기에 가장 좋은 구간이랄까. 물론 조금 더 높은 퍼포먼스를 원하는 러너라면 존 3 이상의 훈련을 병행해도 좋다. 단, 상대적으로 존 2보다 부상 위험에 노출되는 구간이므로 철저한 관리를 병행해야 한다.

오늘의 목표

일시　　　　　/　　　/

날씨　　　☼　　◯　　☁　　❄

달리기 전 체크포인트

수면　　　　　　　　　　　시간

체력 컨디션　◯----◯----◯----◯----◯

기분 컨디션　◯----◯----◯----◯----◯

오늘의 달리기

코스　　　도로　트랙　공원　산/언덕

거리　　　　　　　　　　　km

소요 시간　　　　　　　　　시간

평균 페이스　　　　　　　min/km

달리며 좋았던 점

다음에 도전·적용할 점

오늘의 생각

---

49 '완벽하지 않음'이 가진 완벽함

부러진 뿔을 가진 사슴이 숲속을 거닐고 있었다. 그는 자신의 뿔이 다른 사슴들처럼 크고 아름답지 않다는 사실이 늘 불만이었다. 연못에 비친 자신의 모습을 볼 때마다 부러진 뿔이 너무나 초라해 보였고, 다른 사슴들처럼 완벽하지 않아 속상했다.

어느 날, 사냥꾼들이 숲에 침입했다. 무성한 나뭇가지가 얽힌 곳에서 크고 화려한 뿔을 가진 사슴들이 길을 뚫지 못하고 허우적댔다. 필사적으로 도망치려 했지만 역부족이었다. 반면 부러진 뿔을 가진 사슴은 가뿐하게 그 사이를 빠져나와 숲속 깊이 몸을 숨길 수 있었다.

지금 달리고 있는 당신은 어떤가? 속도가 느려서 답답한가? 남들보다 뒤처지는 것 같아 조바심이 나는가? 노력하는데도 실력이 크게 늘지 않아 포기하고 싶은가?

빠르다고 해서 반드시 좋은 일만은 아니다. 달리기는 간단히 누가 더 빠른지로 승부가 나는 운동이 아니다. 42.195km 마라톤 코스보다 긴 인생을 오래 달릴 수 있는 사람이 누구인지를 묻는 운동이다. 어쩌면 당신의 리듬대로, 당신의 호흡대로, 당신의 속도로 가는 것이 가장 오랫동안 달릴 수 있는 방법일지도 모른다.

부러진 뿔을 가졌다는 사실을 인지하고 있다는 것만으로도 완벽해질 수 있는 첫걸음이 될 수 있지 않을까?

오늘의 목표

일시　　　/　　　/
날씨　　☀　☁　🌧　❄

달리기 전 체크포인트

수면　　　　　　　　　　시간

체력 컨디션　○----○----○----○----○

기분 컨디션　○----○----○----○----○

오늘의 달리기

코스　　　도로　트랙　공원　산/언덕

거리　　　　　　　　　　　km

소요 시간　　　　　　　　시간

평균 페이스　　　　　　　min/km

달리며 좋았던 점

다음에 도전 · 적용할 점

오늘의 생각

50 체중 감량 효과를 극대화하는 달리기

많은 사람들이 달리기를 시작하는 이유 중 하나는 체중 감량이다. 하지만 흔히 오해하는 것이 있다. "빨리 달려야 살이 빠진다"는 생각이다. 실제로는 그 반대다. 천천히, 오래 달릴 때 지방 연소가 더 잘 일어난다.

왜 천천히 달려야 할까?

우리 몸은 운동 강도에 따라 에너지원으로 사용하는 비율이 달라진다. 강도가 높을수록 (전력 질주나 인터벌처럼) 탄수화물(혈당, 글리코겐)을 먼저 소모한다. 반면 중강도 이하, 즉 '말을 할 수 있을 정도의 느린 페이스'에서는 에너지원으로 지방을 더 많이 사용한다. 즉, 천천히 달리는 것이 오히려 체중 감량에는 더 효율적이다.

그럼 얼마나 천천히 달려야 할까?

많은 운동 전문가들이 존 2 구간에서 달리길 추천한다. 이는 앞서 134쪽에서 언급했듯 최대 심박수의 60~70% 정도에 해당하는 강도로, "숨이 차지 않아 옆 사람과 대화를 할 수 있는 정도"다.

이 영역에서 30분~1시간 이상 달리면, 몸은 지방을 에너지원으로 적극 활용하기 시작한다. 결과적으로 근육 손상은 적고, 피로가 덜 쌓이며, 더 오래 달릴 수 있다. 이 꾸준함이 바로 체중 감량의 핵심이다.

달리기를 통한 체중 감량은 "얼마나 빠르게 달렸는가"가 아니라, "얼마나 오래, 꾸준히 달렸는가"에 달려 있다. 빠르게 달려서 지쳐 포기하는 것보다, 천천히 달리며 지방 연소의 시간을 확보하는 것이 훨씬 효과적이다.

오늘의 목표

일시　　　　／　　　／
날씨　　☼　◯　☁　❄

달리기 전 체크포인트

수면　　　　　　　　　　시간
체력 컨디션　◯----◯----◯----◯----◯
기분 컨디션　◯----◯----◯----◯----◯

오늘의 달리기

코스　　　도로　트랙　공원　산/언덕
거리　　　　　　　　　　km
소요 시간　　　　　　　시간
평균 페이스　　　　　min/km

달리며 좋았던 점

다음에 도전·적용할 점

오늘의 생각

Check out

41~50번째 달리기 점검하기

그간의 달리기는 어떠셨나요?
10번의 달리기를 돌아보며 전반적으로 어떠했는지 점검해봅시다.

1	달리기 전 충분히 워밍업을 했는가?	○----○----○
2	달리는 동안 내 몸이 어떤지 주의를 기울였는가?	○----○----○
3	무리하지 않고 페이스를 조절했는가?	○----○----○
4	달린 후 충분히 스트레칭을 했는가?	○----○----○
5	달린 후 그날의 달리기를 충분히 돌아봤는가?	○----○----○
6	미션 달성 수준은 전반적으로 어떠한가?	○----○----○

10번 달린 후의 변화		다음 10번의 달리기 목표	
누적 거리	km	누적 거리	km
체중	kg	체중	kg

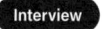

보이지 않아도 달릴 수 있다

러너 선지원

달리기는 앞이 보이지 않던 선지원 러너에게 세상으로 향하는 문을 열어줬다. 극내향의 성향이었던 그녀는 다양한 배경을 가진 가이드러너들과 함께 뛰며 세상에 대해 더 많이 배울 수 있었다. 그 과정에서 시련이 없었던 것은 아니다. 선수로 훈련을 시작한 뒤 트랙에서 크게 넘어져 얼굴과 다리에 출혈이 심한 적이 있다. 그때 경쟁하듯 달리던 주변 러너들이 너나 할 것 없이 응급처치를 해줬던 순간은 그녀에게 강렬한 메시지를 남겼다. '세상은 생각보다 따뜻하고, 나 역시 안에서 함께 살아가고 있다'는 사실을 실감하게 된 것이다. 이 경험은 그녀로 하여금 주저하지 않고 한 걸음 크게 내딛는 용기를 갖게 했다.

왜 달리기를 시작하게 됐나요?

사회 초년생 때 폐결핵에 걸려 꽤 오랜 기간 투병 생활을 했습니다. 돈보다 중요한 가치가 건강이란 걸 그때 새삼 깨달았죠. 건강을 되찾고 싶어 가까운 헬스장과 수영장, 요가원 등에 찾아가 운동을 배우고 싶다고 했지만, 중증장애인을 가르칠 수 있는 여건이 안 된다는 이유로 모든 곳에서 출입 거부를 당했습니다. 그러던 중, 시각 장애인을 위한 달리기 수업이 있다는 얘기를 듣고 남산에서 열리는 달리기 수업에 무작정 찾아갔죠. 그전까지 100m도 달려본 적 없었는데도 묘한 기대감이 들었습니다. 첫 수업 날 여성 가이드러너와 걸었는데, 그걸 본 감독님이 "지원 씨! 조금만 연습하면 정말 잘 달리겠는데요? 빠지지 말고 훈련에 나오세요"라고 하시더라고요. 제 잠재력에 관한 얘길 들은 게 너무 신이 나서 그날부터 열심히 달리기 시작했어요.

처음 러닝화를 신었을 때, 어떤 마음이었나요?

남산에서 훈련하던 어느 날, 달리는 연예인으로 잘 알려진 한 유명인이 선물을 들고 찾아오셨는데, 그게 아디다스 러닝화였습니다. 그전에는 갖고 있던 운동화를 신었을 뿐 제대로 된 러닝화를 구비할 생각조차 못 했어요. 신었을 때 푹신함과 쫀득함 그 중간쯤 되는 느낌이 재밌어서 자꾸만 달리고 싶었죠. 새 운동화를 선물 받았던 그날부터, 그러니까 러닝화다운 신발을 신게 된 그때부터 불가능할 것 같았으나 할 수 있게 된 운동이라는 점에서 달리기의 의미가 더욱 확장되었어요. 더 잘 달리고 싶어졌고, 더 즐기고 싶어졌습니다.

달리기를 하고서 가장 먼저 어떤 변화가 찾아왔나요?

가장 큰 변화라면 헬스장에서도 얻지 못한 건강을 얻은 점이죠. 체력이 좋아져서 직장 생활과 일상생활도 수월하게 하게 되었고, 특히 안 좋던 폐 기능이 회복되었습니다. 저의 아픈 모습을 기억하던 지인들이 모두 놀라워할 정도로 건강해졌죠. 마음에도 변화가 생겼습니다. 삶에 의욕이 생기고, 자신감이 붙었죠. 달리기를 하며 만난 분들 대다수가 긍정적인 마인드를 갖고 있었는데, 저도 그 영향을 받아서인지 즐거운 생각, 좋은 말을 더 많이 하게 되더라고요. 더불어 신체적으로 장애를 가진 제가 할 수 있는 한 땀 흘리고, 자유롭게 속도를 낼 수 있게 된 점에서 더 당당한 사회인으로 거듭난 것 같아요.

가장 힘들었던 시기, 달리기는 당신에게 어떤 의미였나요?

직장 생활, 가족관계, 진로 고민 등으로 머리가 복잡할 때, 더욱 열심히 달리는 편인데요. 혼자 달릴 수 없는 저는 가벼운 조깅을 할 때도 가이드러너와 늘 함께해야 하기에 달릴 때마다 자연스럽게 수다를 부리게 되죠. 각자의 근황부터 걱정, 꿈, 삶의 방향까지 내밀한 마음을 나누고 서로 격려하면서 운동 시간을 채워요. 그러다 보면 조금 전까지 어깨를 짓눌렀던 삶의 무게가 가벼워지는 것과 동시에 삶을 바라보는 시야가 확장되는 것을 느낍니다.

당신에게 달리기는 한 단어로 뭐라고 정의할 수 있을까요?

음, 지금은… 제가 운동선수이니까, 삶의 중심!

달리기를 추천하는 이유는 무엇인가요?

제가 달리는 모습을 보면 힘이 나고, 용기를 얻는다는 분들의 이야기를 자주 듣습니다. 딱히 선행을 한 것도 아니고, 타인의 마음을 보살피고자 애를 쓴 것도 아니고, 단지 건강하게 달렸을 뿐인데 말이죠. 비단 제가 시각장애인이기 때문만은 아닐 거라고 생각해요. 달리기는 하는 사람과 지켜보는 사람 모두에게 에너지를 주는 특별한 힘이 있습니다. 무기력함과 우울함이 전염되는 이 시대에 '달리기'라는 간단한 운동으로 서로 힘을 주고받으며 살아갈 수 있다는 걸 모두가 경험할 수 있다면 좋겠어요.

51~60번째 달리기

> "당신의 꿈을 향해 자신 있게 나아가라.
> 상상해온 삶을 살아라."
>
> **헨리 데이비드 소로(사상가, 수필가)**

5km & 10km 달리기 도전하기

51 고통은 영원하지 않다

달리기 초반, 나는 내 몸을 신뢰하지 못했다. 어디까지가 내게 허용된 거리인지 알 수 없었다. 하지만 몇 주, 몇 달을 꾸준히 달리면서 중요한 발견을 했다. 내 몸은 내 예상보다 훨씬 강하고, 적응력이 뛰어났다.

신경학적으로 보았을 때, 달리기는 뇌와 신체의 관계를 가장 명확하게 드러내는 행위다. 달리는 초반 몇 분 동안 뇌는 불안 신호를 보낸다. "이대로 가다간 위험해질 거야. 멈춰야 하지 않을까?" 하지만 일정 시간을 지나면, 신경계는 '나는 아직 괜찮다'는 판단을 내리기 시작한다. 그러면 몸은 신기하게도 새로운 균형을 찾아간다. 호흡이 리듬을 찾고, 다리는 더 이상 무겁게 느껴지지 않는다.

고통은 영원하지 않다. 어떤 순간이든 충분히 버티고 나면, 몸과 마음은 반드시 새로운 상태에 적응한다. 고통은 일정한 지점을 지나면 줄어들고, 처음에는 불가능할 것 같던 일도 시간이 지나면 자연스러워진다. 이것은 달리기뿐만 아니라 삶에서도 마찬가지다.

달리기를 하면서 나는 배웠다. 고통은 영원하지 않다. 그리고 몸이 바뀌면, 마음도 바뀐다. 무엇보다도 우리의 한계는 우리가 생각하는 것보다 훨씬 더 유연하다.

오늘의 목표

일시　　　　　/　　　/
날씨　　☼　△　☁　❄

달리기 전 체크포인트

수면　　　　　　　　　　　시간
체력 컨디션　○----○----○----○----○
기분 컨디션　○----○----○----○----○

오늘의 달리기

코스　　도로　트랙　공원　산/언덕
거리　　　　　　　　　　　km
소요 시간　　　　　　　　시간
평균 페이스　　　　　　min/km

달리며 좋았던 점

다음에 도전·적용할 점

오늘의 생각

52 5km에서 10km로 가는 가장 쉬운 루틴

초보 러너 시절에는 10km라는 거리가 대체 어느 정도인지 가늠조차 안 되었다. 그러다 5km를 완주하게 되자, '나도 10km에 도전할 수 있지 않을까?' 하는 근거 있는 믿음이 생기기 시작했다.

만약 여러분이 5km를 비교적 편안하게 달릴 수 있는 체력이 되었다면, 점진적으로 10km에 도전해보자. 아래는 10km에 도전하는 시점에서 내가 톡톡히 효과를 봤던 방법이다.

첫째, 주간 훈련 횟수를 늘려보자. 예를 들어, 주 3회에서 4회로 늘리는 것이다. 그렇지만 최대 6일을 넘기지 않도록 주의한다. 횟수가 늘면서 자연스럽게 월 마일리지가 쌓이고 그만큼 한번에 달리는 거리가 점점 늘 것이다.

둘째, 횟수를 늘리기 어렵다면 주 1회 정도는 달리는 거리나 시간을 점진적으로 늘려가자. 이때도 주의할 점이 있다. 거리를 늘려 달린다면 과하지 않아야 한다. 매주 1회에 한해서 전주 대비 10% 이내로만 거리를 늘린다. 만약 지난주에 5km를 달렸다면 이번 주는 5.5km에 도전하는 것이다. 이럴 경우 나머지 날들은 이전보다 짧은 거리를 달려도 무방하다.

셋째, 훈련 사이에는 충분히 회복 시간을 둔다. 과도한 훈련은 부상의 원인이 되기 때문에 5km에서 10km로의 목표를 설정할 때는 지금까지 그래왔듯 휴식일도 훈련 계획에 꼭 포함시키자.

오늘의 목표

일시   /   /
날씨   ☀   ☁   🌧   ❄

달리기 전 체크포인트

수면   시간
체력 컨디션   ○----○----○----○
기분 컨디션   ○----○----○----○

오늘의 달리기

코스   도로   트랙   공원   산/언덕
거리   km
소요 시간   시간
평균 페이스   min/km

달리며 좋았던 점

다음에 도전·적용할 점

오늘의 생각

---

53 달리기가 인생과 닮았다는 말

처음에는 몇십 걸음도 버거웠다. 숨이 차고, 다리가 끌리고, 이 길을 끝까지 갈 수 있을까 의심이 들었다. 그럴 때마다 내 안에서 외쳐대는 목소리가 들린다. "그만해도 돼. 얼마나 오래 살려고 이 고생을 해. 그러다 무릎 나가면 평생 못 걸어다녀."

돌아보니 인생의 길목에서도 자주 그랬다. 새로운 도전이 주어질 때마다 어김없이 의구심에 찬 목소리가 흘러나온다. "이걸 내가 할 수 있을까? 어찌어찌 시작한다 해도 끝까지 갈 수 있을까? 실패하면 어떡하지? 남들보다 뒤처지면 어떡하지?"

그러나 달리다 보니 알게 됐다. 처음엔 힘들어도 계속 움직이다 보면 어느 순간 몸은 적응한다. 언제 그렇게 힘들었냐는 듯 나만의 리듬이 생기고, 멀게만 느껴지던 거리가 점점 가까워진다. 이 묘한 원리를 삶에도 적용하는 법을 배웠다.

낯설고 어려워 보이던 일도 일단 시작한다. 앞뒤 재고 좌우 돌아보면 한 발짝도 나아갈 수 없다. 그렇게 출발부터 하고, 한 걸음 두 걸음 나아가다 보면 어느새 작은 걸음들에 익숙해지고, 돌부리며 진흙길이며 피해서 가는 법을 배우게 된다. 그렇게 서서히 그 길이 내 것이 된다. 한 걸음 한 걸음이 모여 내가 걸어온 길이 되고, 그 길이 결국 나를 원하는 곳까지 데려다준다.

오늘의 목표

일시   /   /
날씨   ☀   ☁   🌧   ❄

달리기 전 체크포인트

수면   시간
체력 컨디션   ○----○----○----○----○
기분 컨디션   ○----○----○----○----○

오늘의 달리기

코스   도로   트랙   공원   산/언덕
거리   km
소요 시간   시간
평균 페이스   min/km

달리며 좋았던 점

다음에 도전·적용할 점

오늘의 생각

54 여름철 러닝을 위한 팁

여름철 러닝은 높은 기온과 습도로 인해 평소보다 체력 소모가 크고, 탈수나 열사병 위험도 높아진다. 여름철 러닝을 좀 더 안전하고 시원하게 만들어줄 팁을 소개한다.

첫째, 땀을 빠르게 흡수 및 건조시키는 기능성 러닝복 입기. 면 소재보다는 흡습·속건이 뛰어난 기능성 소재 러닝복이 필수다. 가볍고 통풍이 잘되는 소재의 러닝복을 선택하자.

둘째, 열 차단과 자외선 보호를 위한 러닝 캡과 선글라스 착용하기. 강한 햇볕 아래에서 달릴 경우, 머리와 얼굴이 뜨거워지면서 체온이 빠르게 상승한다. 통기성이 좋은 러닝 캡을 착용하면 직사광선을 차단해 체온 상승을 막고, 땀이 흘러내리는 불편함도 방지할 수 있다. 햇빛에 장시간 노출되면 눈의 피로도가 증가하므로 UV 차단 기능이 있는 러닝용 선글라스를 쓰자.

셋째, 땀과 체온을 효과적으로 관리하는 쿨링 액세서리 하기. 긴 토시는 땀을 흡수하고, 피부를 보호하는 동시에 냉감 효과까지 제공한다. 물에 적시면 차가운 느낌이 지속되는 쿨링 스카프도 유용하다.

넷째, 수분 보충을 위해 러닝 보틀 챙기기. 여름에는 평소보다 땀을 더 많이 배출하기 때문에 달리는 중에 수분을 자주 보충하는 것이 필수다. 가볍고 휴대성이 좋은 러닝 보틀이나 러닝 벨트, 장거리 훈련 시에는 하이드레이션 백(러닝용 백팩)을 활용하면 편리하다. 물 외에도 나트륨·칼륨·마그네슘 등이 포함된 스포츠 음료나 전해질 보충제를 함께 섭취하면 체내 수분과 전해질 균형을 맞출 수 있다.

오늘의 목표

일시　　　　　/　　　/
날씨　　☼　△　☁　❄

달리기 전 체크포인트

수면　　　　　　　　　　　시간
체력 컨디션　○----○----○----○----○
기분 컨디션　○----○----○----○----○

오늘의 달리기

코스　　도로　트랙　공원　산/언덕
거리　　　　　　　　　　　km
소요 시간　　　　　　　　시간
평균 페이스　　　　　　　min/km

달리며 좋았던 점

다음에 도전·적용할 점

오늘의 생각

---

55 달리기는 경쟁이 목적인 운동이 아니다

고(故) 이어령 선생님은 이렇게 말했다. "한 줄로 세워 달리기를 하면 등수가 생긴다. 하지만 한 지점에서 360도로 저마다 달리게 하면 모두가 1등이다."

우리는 정해진 길 위에서 남들과 경쟁하며 살아간다. 학교에서, 직장에서, 심지어 취미 생활마저도 서로 비교하며 순위를 매긴다. 마치 결승선이 정해져 있는 단거리 달리기처럼, 주어진 코스에서 남들보다 앞서기 위해 애쓰는 것이다.

하지만 달리기는 경쟁이 목적인 운동이 아니다. 상대를 이기려고 안간힘을 쓰지 않아도 된다. 반드시 정해진 길로만 달려야 한다는 규칙도 없다. 얼마든지 방향을 바꾸면서 나아갈 수 있고, 자신만의 페이스로 달려도 좋다. 꼭 남들과 같은 출발선에서 시작할 필요도 없다.

누군가 정해 놓은 직선 코스를 따라가는 대신, 나만의 점을 찍고 새로운 길을 만들어가자. 남들과의 경쟁에서 벗어나, 오직 나 자신과 함께 달리는 삶. 그곳에서 우리는 진정한 자유를 찾을 수 있다.

지금 당신은 어떤 방향을 향해 달려가고 있는가? 모든 사람이 같은 방향으로 달려가고 있는 듯하다면 한 번쯤 당신만의 길에 대해 생각해 볼 일이다.

오늘의 목표

일시   /   /
날씨   ☀ ☁ 🌧 ❄

달리기 전 체크포인트

수면   시간
체력 컨디션 ○----○----○----○----○
기분 컨디션 ○----○----○----○----○

오늘의 달리기

코스   도로   트랙   공원   산/언덕
거리   km
소요 시간   시간
평균 페이스   min/km

달리며 좋았던 점

다음에 도전·적용할 점

오늘의 생각

56 겨울철 러닝을 위한 팁

겨울철 러닝은 낮은 기온과 차가운 바람 때문에 여름철과는 또 다른 도전이 된다. 추위 속에서도 안전하고 효과적으로 달릴 수 있는 겨울철 러닝 팁을 소개한다.

첫째, 체온 유지를 위한 레이어링(겹쳐 입기) 하기. 겨울철 러닝의 핵심은 옷을 여러 겹 겹쳐 입는 것이다. 땀을 빠르게 흡수하고 말려주는 기능성 이너웨어(베이스 레이어), 보온을 위한 가벼운 미드 레이어, 찬 바람을 막아주는 바람막이 아우터(윈드브레이커)를 입으면 좋다. 추위가 심하면 여기에 러닝 조끼를 추가해도 된다.

둘째, 보온 기능이 있는 하의와 액세서리 착용하기. 근육 경직을 막기 위해 기모 러닝 타이츠 혹은 팬츠를 입길 추천한다. 귀를 덮는 비니나 넥워머(버프)를 착용해 체온 손실을 막고, 보온 장갑도 필수다.

셋째, 미끄럼 방지 기능이 있는 러닝화 신기. 노면이 얼어 미끄럽거나 눈이 쌓여있을 것을 대비해 미끄럼 방지 기능이 있는 러닝화를 선택하고, 방수 기능이 있는 러닝화를 신으면 더 안전하게 달릴 수 있다.

넷째, 달리고 난 후 빠르게 보온하기. 땀이 빠르게 식어 감기에 걸리기 쉬우므로 훈련이 끝나면 최대한 빨리 집으로 돌아오거나 땀으로 젖은 옷을 마른 옷으로 바로 갈아입어 체온을 유지해야 한다.

오늘의 목표

일시　　　　/　　　/
날씨　　☼　△　◇　✻

달리기 전 체크포인트

수면　　　　　　　　　　시간
체력 컨디션　○----○----○----○----○
기분 컨디션　○----○----○----○----○

오늘의 달리기

코스　　도로　트랙　공원　산/언덕
거리　　　　　　　　　　km
소요 시간　　　　　　　시간
평균 페이스　　　　　min/km

달리며 좋았던 점

다음에 도전·적용할 점

오늘의 생각

57 달리기는 오늘을 살아냈다는 증거다

우리는 하루를 살아낸다. 정확히는, 하루를 '버텨낸다'. 할 일을 겨우 해내고, 시시각각 벌어지는 문제와 부딪히고, 때로는 스스로를 원망하며 '하루가 어서 지나갔으면' 하고 바라다가 가까스로 잠에 든다.

나도 그랬다. 그런데 러너가 되고선, 하루의 끝이 달라졌다. 아무리 정신적으로 고되었더라도, 지칠 대로 지친 몸이더라도 어쨌든 한번 나를 이끌고 달리는 밤엔 저절로 이런 말이 나왔다.

"그래도 오늘을 살아냈다."

달리기는 생산성도 성과도 요구하지 않는다. 그저 달리면 숨이 차오르고, 땀이 흐르고, 다리가 조금 무거워질 뿐이다. 그 모든 순간은 내 몸이 여전히 살아있음을, 내가 이 하루를 온전히 통과해냈음을 알려주는 증거가 된다.

세상이 알아주지 않아도 괜찮다. 기록을 남기지 않아도, SNS에 올리지 않아도 스스로가 알 수 있다. 오늘도 나는 한 걸음을 내디뎠다고. 그리고 그 발걸음이 미약하나마 나를 지탱해주고 있다고. 달리기는 삶의 환호가 아니라, 조용한 생존 선언이다. 숨이 가쁘고, 다리가 아파도 나는 계속 나아간다. 그거면 충분하다.

내일을 준비하는 사람은 많지만, 과연 오늘을 제대로 살아낸 사람은 얼마나 될까? 달리기는 이 하루를 '살아냈다'는 자격을 부여한다.

오늘의 목표

일시   /   /
날씨   ☀ ☁ 🌧 ❄

달리기 전 체크포인트

수면   시간
체력 컨디션   ○----○----○----○----○
기분 컨디션   ○----○----○----○----○

오늘의 달리기

코스   도로   트랙   공원   산/언덕
거리   km
소요 시간   시간
평균 페이스   min/km

달리며 좋았던 점

다음에 도전·적용할 점

오늘의 생각

---

58 아침 vs. 저녁, 언제가 좋을까?_아침 러닝

러너들 사이에서 논쟁이 되는 주제. '아침 러닝과 저녁 러닝 중 언제가 더 좋을까?' 사실 정답은 없다. 각자의 생활 패턴과 목표에 맞춰 자신에게 맞는 시간대를 선택하는 것이 중요하다.

아침 러닝의 경우 몸이 충분히 풀린 상태가 아니라서 부상 위험이 높고, 공복에 무리하게 달리는 경우라면 근육 손실이 발생할 가능성이 있지만, 아래와 같은 장점이 있다.

첫째, 하루를 활기차게 시작할 수 있다. 땀을 흘리면 신체가 활성화되고 엔도르핀이 분비되어 긍정적인 에너지로 하루를 시작할 수 있다.

둘째, 규칙적인 습관을 만들기 쉽다. 하루 일과가 시작되기 전에 운동을 끝내면, 예상치 못한 저녁 일정 때문에 운동을 거르는 일이 줄어든다.

셋째, 지방 연소 효과가 확실하다. 공복 상태에서 달리면 몸이 체내 지방을 에너지원으로 사용하기 때문에 체지방 감량을 목표로 한다면 효과적일 수 있다.

넷째, 쾌적하게 달릴 수 있다. 이른 아침에는 교통량이 적고 공기 오염도도 상대적으로 낮아 쾌적하게 달릴 수 있다.

오늘의 목표

일시　　　　/　　　/
날씨　　☀︎　☁︎　☂︎　❄︎

달리기 전 체크포인트

수면　　　　　　　　　　　시간
체력 컨디션　○----○----○----○
기분 컨디션　○----○----○----○

오늘의 달리기

코스　　도로　트랙　공원　산/언덕
거리　　　　　　　　　　　km
소요 시간　　　　　　　　시간
평균 페이스　　　　　　　min/km

달리며 좋았던 점

다음에 도전·적용할 점

오늘의 생각

---

59 달리는 순간만큼은 삶이 단순해진다

"우리는 가끔 너무 많은 것을 생각한다. 그리고 그 많은 것들이 우리를 혼란스럽게 만든다(헨리 데이비드 소로)."

달리기 전의 내 머릿속은 온갖 생각들로 가득 차 있다. 어떤 것은 잊고 싶었고, 어떤 것은 해결해야 했지만, 어느 쪽이든 생각이 많아질수록 머릿속이 더 복잡해질 뿐이었다.

200년 전에 태어났더라면 헨리 데이비드 소로를 따라 숲으로 들어갔을지 모른다. 하지만 문명이 만들어낸 복잡함을 탓하기에 앞서 그것들을 탐닉하는 삶으로부터 빠져나갈 자신이 나는 없다.

소로가 월든 호숫가에서 자연과 함께 살아가며 배운 단순함의 힘을 나는 도시 한복판에서 깨달아야만 한다. 숲으로 들어갈 용기는 없지만, 나만의 방식으로 머릿속을 비워낼 필요는 있었다.

"삶을 단순하게 만들면, 삶의 법칙들도 단순해진다."

달릴 때마다 이 말을 떠올린다. 달리는 동안엔 목표도, 목적지도 중요하지 않다. 오직 내가 내딛는 그 순간만 존재할 뿐이다.

소로가 자연에서 안식을 찾았듯, 우리는 달리기를 통해 안식을 찾을 수 있다. 비록 높은 빌딩에 둘러싸여 있을지라도, 내 몸 하나 지나갈 한 줄의 길이 있다면 나 자신만을 마주할 수 있다. 모든 것들을 한순간 내려놓는 법을 알았다고까지 말하긴 어렵지만, 적어도 지금 당장 단순해지는 법은 알겠다.

오늘의 목표

일시   /   /
날씨   ☀ ☁ 🌧 ❄

달리기 전 체크포인트

수면   시간
체력 컨디션   ○----○----○----○----○
기분 컨디션   ○----○----○----○----○

오늘의 달리기

코스   도로   트랙   공원   산/언덕
거리   km
소요 시간   시간
평균 페이스   min/km

달리며 좋았던 점

다음에 도전·적용할 점

오늘의 생각

---

60 아침 vs. 저녁, 언제가 좋을까?_저녁 러닝

160쪽 아침 러닝에 이어 저녁 러닝의 장단점을 살펴보자. 다시 한 번 강조하지만, 둘의 우열을 가리긴 어렵다.

저녁 러닝의 경우 일과를 마치고 하는 것이라, 피로감이나 예상치 못한 약속 때문에 운동 계획이 어그러질 수 있고, 너무 늦은 시간까지 강도 높은 운동을 하면 숙면을 취하기가 어려우며(그러니 잠들기 2~3시간 전에는 운동을 마치자), 야간에는 시야 확보가 어려워 사고 위험이 높다는 단점이 있으나 아래와 같은 장점이 있다.

첫째, 부상 위험이 아침보다 다소 적다. 낮에 활동하면서 몸이 충분히 풀린 상태이므로 근육과 관절이 상대적 아침에 비해 유연하다.

둘째, 스트레스를 해소할 수 있다. 땀 흘리다 보면 스트레스가 풀려서 하루를 기분 좋게 마무리할 수 있다.

셋째, 충분한 에너지를 확보한 채 달릴 수 있다. 보통 식후, 에너지가 충분할 때 달리므로 아침 러닝보다 더 편안하게 달릴 수 있다.

언제 달리느냐보다 중요한 건 꾸준히 달리는 습관이다. 자신의 생활 패턴에 맞춰 지속 가능한 시간대를 선택하는 것이 가장 좋은 방법이다.

오늘의 목표

일시　　　　　／　　　／
날씨　　　☼　　◯　　☁　　❄

달리기 전 체크포인트

수면　　　　　　　　　　　　시간
체력 컨디션　◯----◯----◯----◯----◯
기분 컨디션　◯----◯----◯----◯----◯

오늘의 달리기

코스　　　도로　트랙　공원　산/언덕
거리　　　　　　　　　　　　km
소요 시간　　　　　　　　　시간
평균 페이스　　　　　　　min/km

달리며 좋았던 점

다음에 도전·적용할 점

오늘의 생각

Check out

51~60번째 달리기 점검하기

그간의 달리기는 어떠셨나요?
10번의 달리기를 돌아보며 전반적으로 어떠했는지 점검해봅시다.

1	달리기 전 충분히 워밍업을 했는가?	○----○----○
2	달리는 동안 내 몸이 어떤지 주의를 기울였는가?	○----○----○
3	무리하지 않고 페이스를 조절했는가?	○----○----○
4	달린 후 충분히 스트레칭을 했는가?	○----○----○
5	달린 후 그날의 달리기를 충분히 돌아봤는가?	○----○----○
6	미션 달성 수준은 전반적으로 어떠한가?	○----○----○

10번 달린 후의 변화		다음 10번의 달리기 목표	
누적 거리	km	누적 거리	km
체중	kg	체중	kg

> Interview

달리기로 다시 살아가기

러너 강재식

40대 중반, 강재식은 인생의 가장 어두운 시기를 지나고 있었다. 일은 산더미 같았지만 성과는 보이지 않았다. 일터의 매출은 곤두박질쳤다. 엎친 데 덮친 격으로 체력은 바닥났고, 마음은 무너졌다. 삶의 방향은 모호해졌다. 그런 절망의 터널 속에서 그에게 남은 선택지는 2가지 뿐이었다. 술을 택하느냐, 운동을 택하느냐. 그는 술 대신 운동을 선택했다.

숨이 턱 막히는 괴로움과 다리에 몰려드는 근육통은 스스로에게 내리는 벌처럼 느껴졌지만, 그럼에도 위로가 되었다. 방 안에서 누워만 있을 때 드는 편안함은 더 깊은 자기비난을 불러왔기에, 그는 고통스러운 운동을 선택한 것이었다. 그러나 지금 그는 달리기로써 제대로 '살아가는 방식'을 배운다. 속도를 줄이고, 숨을 고르고, 잠시 멈춰 풍경을 바라보는 여유. 그리고 자신을 용서하고 사랑하는 법까지.

왜 달리기를 시작하게 됐나요?

40대 중반, 제 인생의 가장 어두운 시기를 지나고 있었습니다. 회사의 매출은 급락했고, 일은 많았지만 성과는 따라주지 않았어요. 회사와 제 미래 모두가 불투명해 보였습니다. 삶을 돌파할 힘조차 없던 시기였죠. 어느 날, 자기혐오에 사로잡힌 채 홀로 거리를 걷다 문득 들었던 생각이 있었습니다. '내가 싫어서 나 자신에게 고통을 주고 싶다.' 그 순간 떠오른 것이 달리기였습니다. 참 희한한 동기죠? 달릴 때의 숨 차는 고통은, 저를 벌주는 듯 하면서도 이상하게 위로가 되었습니다. 방에 가만히 누워 있거나 술을 마시는 건 편안함을 주지만, 되레 자기혐오는 더욱 짙어지기 때문입니다. 그렇게 저는 스스로를 벌주기 위한 수단으로 달리기를 시작했습니다.

처음 러닝화를 신었을 때, 어떤 마음이었나요?

달리기를 시작한 이유가 긍정적이지 않았기 때문일까요. 러닝화를 처음 신었을 때, '이걸 내가 꾸준히 할 수 있을까?' 하는 의구심이 더 컸습니다. ABC마트에서 약 4만 원에 구매한, 이름도 기억나지 않는 아디다스 러닝화. 그 신발을 신고 거의 2년 가까이 달렸습니다. 거창한 결심은 없었지만, 그 첫걸음이 제 삶을 바꾸는 출발점이었습니다.

달리기를 하고서 가장 먼저 어떤 변화가 찾아왔나요?

매일같이 숨 차는 고통을 스스로에게 선물하며 내면을 다듬어갔습니다. 고통 속에서 나를 제3자의 시선으로 바라보게 되었고, 스스로를 조금씩 이해하게 되었습니다. 외적인 환경은 그대로였지만, 내면은 아주 조금씩 단단해지고 있었습니다. 주저하는 대신 '밑져야 본전'이라는 마음으로 삶의 작은 도전을 해볼 용기를 얻게 되어서 쿠팡 물류센터에서 시간제 근무를 시작하게 되었죠. 지금까지와는 다른 삶의 형태였기 때문에, 제겐 큰 용기였습니다. 지금은 다시 새로운 기회를 얻게 되어, 본업이었던 섬유무역회사에서 근무하고 있습니다. 10km를 달리기까지 무려 1년 9개월이 걸렸습니다. 처음엔 그만큼을 달릴 수 있으리란 확신도 없었기에, 10km만 달릴 수 있다면 기록엔 욕심내지 않겠다는 다짐도 했었죠. 지금은 달리기 자체에 집중할 뿐, 외형적인 것엔 큰 관심을 두지 않습니다. 중요한 건 내가 달릴 때 느끼는 감정, 감각, 그 모든 '지금 이 순간'이기 때문입니다. 그렇게 하다 보니 몸의 변화는 자연스럽게 따라왔습니다. 체중이 정말 많이 줄었어요!

가장 힘들었던 시기, 달리기는 당신에게 어떤 의미였나요?

자기혐오와 고통, 위로와 이해. 달리기는 그 모든 것이었습니다. 매일 쌓여가는 달리기의 순간들이 결국 단단한 내면을 만들어주었습니다. 지금 저는 웬만한 바람에 흔들리지 않는 나무처럼 삶을 살아가고 있습니다.

당신에게 달리기는 한 단어로 뭐라고 정의할 수 있을까요?

내 안에 잠들어 있던 또 다른 나를 만나는 시간. 그것이 바로 제겐 달리기입니다.

달리기를 추천하는 이유는 무엇인가요?

삶이 두렵거나 무게가 너무 크게 느껴질 때, 달리기를 시작해보세요. 아주 조금이라도 좋습니다. 달리면서 쌓이는 감정, 감각, 그리고 끈기는 어느 순간 삶을 마주할 수 있는 용기로 바뀝니다. 나도 모르게 조금 더 멀리, 조금 더 오래 달리고 싶은 마음이 생기고, 어느새 내 안의 마음 그릇이 더 단단해져 있음을 깨닫게 될 겁니다.

61~70번째 달리기

"불가능과 가능의 차이는 오직 결심에 있다."

토미 라소다(야구선수, 감독)

45분 & 90분 연속 달리기 완성하기

61 내가 아닌 '누군가'를 위해 뛴다는 것

몸과 마음의 변화를 위해 간절한 마음으로 달리기를 시작했다. 무력감에 좀먹히던 나를 달리기는 세상으로 끌어냈고, 조금씩 삶의 리듬을 되찾게 해주었다.

그 감사함을 이제는 다른 사람들에게도 알리고자 지속적으로 달리고 있다. '나는 달리기랑은 잘 안 맞아'라고 말하는 사람들의 심리가 뭔지 잘 알기에, 그 말들 속에 숨어 있는 절박함을 누구보다 잘 알고 있기에 나는 달리기를 그들에게 전하고 싶다.

"나도 그랬어. 그런데도 조금씩 달렸더니 삶이 달라졌어."

그 말을 전하고 싶어서 오늘도 밖으로 나선다. 내가 달린 이 길 위에서 누군가도 다시 일어설 수 있기를 바라며.

그런 생활을 6년쯤 보내고 나니, 문득 그런 생각이 든다. 누군가를 위해 달린다고 믿고 있었지만, 그 길 끝에서 마주한 사람은 결국 내일의 나였다는 것을. 조금 더 단단해진 나, 조금 더 웃을 수 있는 나, 조금 더 나를 사랑하게 된 나.

그러니 나는 오늘도 달린다. 지금의 나를 위해서, 누군가를 위로하기 위해서, 무엇보다 내일의 나에게 부끄럽지 않기 위해서.

오늘의 목표

일시   /   /
날씨   ☼   ☁   ☂   ❄

달리기 전 체크포인트

수면   시간
체력 컨디션   ○----○----○----○
기분 컨디션   ○----○----○----○

오늘의 달리기

코스   도로   트랙   공원   산/언덕
거리   km
소요 시간   시간
평균 페이스   min/km

달리며 좋았던 점

다음에 도전·적용할 점

오늘의 생각

---

62 몰입감을 알려주는 템포런

달리는 도중 자꾸 다른 생각이 끼어들고 유난히 지루해서 그날의 페이스와 리듬을 놓쳐버린 경우가 종종 있을 것이다. 바로 이럴 때 템포런은 아주 유용한 훈련이다.

템포런이란 일반적으로 '편안한 페이스보다 약간 빠른, 하지만 전력 질주까지는 아닌 페이스'를 일정 시간 이상 유지하는 훈련이다. 쉽게 말해 숨은 살짝 차지만 말을 할 수는 있는 정도. 지속 가능한 '약간의 불편함' 속에서 집중을 유지하는 것, 이것이 템포런의 본질이다.

초보 러너라면 처음엔 10~15분 정도의 템포런을 시도해보자. 몸이 풀렸을 때, 달리기 중간 지점에서 페이스를 살짝 끌어올린다. 그리고 호흡과 자세, 발끝 감각에 집중해보자. 이때 주의할 점은 단순히 속도를 높이는 데만 집중하지 말고, '몰입감'을 느껴야 한다는 것이다.

처음엔 숨이 가쁘고, 다리가 무거워지는 느낌이 들 수 있다. 그러나 페이스를 끌어올리는 데 몰두하기보다 '지속 가능한 집중'을 목표로 한다면 템포런은 그 자체로 명상 같은 경험이 된다. 생각은 단순해지고, 몸의 감각은 또렷해진다. 호흡, 리듬, 자세, 그리고 다시 호흡. 단순한 반복 속에서 몰입의 감각을 찾는 법을 익히면, 장거리 달리기에서도 쉽게 흐트러지지 않는다.

템포런은 레이스 후반에 무너지지 않기 위한 멘탈 트레이닝이기도 하다. 풀 마라톤의 경우 가장 중요한 구간은 30km 이후다. 이때 필요한 건 속도가 아니라 '집중력'이다. 템포런에 익숙해지면, 경기 후반부에도 자신을 흐트러뜨리지 않고 리듬을 끝까지 유지할 수 있다.

오늘의 목표

일시   /   /
날씨   ☼   ☁   ☂   ❄

달리기 전 체크포인트

수면   시간
체력 컨디션 ○----○----○----○----○
기분 컨디션 ○----○----○----○----○

오늘의 달리기

코스   도로   트랙   공원   산/언덕
거리   km
소요 시간   시간
평균 페이스   min/km

달리며 좋았던 점

다음에 도전·적용할 점

오늘의 생각

---

63 나도 모르게 달리기를 사랑하게 된 순간들

한 모금씩 마시는 따뜻한 차처럼, 책장 사이로 스미는 햇살처럼 달리기는 아주 천천히 내게 스며들었다.

부담스럽지 않은 거리와 속도로 시작했던 달리기이기에, 강렬함보다는 흐르는 듯 다가오는 느낌이 좋았다. 강변길을 따라 천천히 걷고, 잠시 달렸다가 다시 걸었다. 발끝이 지면을 스치는 감각이 낯설었다. 다리가 무겁게 느껴질 때마다 멈추었고, 심장이 빠르게 뛰면 불안해졌다. 그러나 신기하게도 숨을 고르고 다시 한 걸음 내딛는 순간, 모든 것이 다시 처음처럼 자연스러웠다.

어느 날, 달리기가 나를 찾아왔고,

어느 날, 발걸음이 예전보다 가벼워졌다.

어느 날, 바람이 내 몸을 스치며 지나가는 순간이 즐거워졌다.

어느 날부터인가 나는 스스로를 러너라고 부르고 있었다.

그런 순간들이 쌓여서, 달리기는 서서히 내 삶에 자리를 잡았다. 의식하지 않아도 자연스럽게 손이 가는 물잔처럼, 매일 쓰다 보면 나의 일부가 되는 오래된 펜처럼.

그렇게 나는 달리기를 사랑하게 되었다. 정확히 언제부터였는지는 모르겠지만, 마치 오래전부터 알고 있던 것처럼, 언제나 내 곁에 있었다는 듯이. 나도 모르게 달리기를 사랑하게 되어버린 순간들이 내게로 왔다.

오늘의 목표

일시　　　　／　　／
날씨　　☼　◯　☁　❄

달리기 전 체크포인트

수면　　　　　　　　　　　시간
체력 컨디션　◯----◯----◯----◯----◯
기분 컨디션　◯----◯----◯----◯----◯

오늘의 달리기

코스　　도로　트랙　공원　산/언덕
거리　　　　　　　　　　　km
소요 시간　　　　　　　시간
평균 페이스　　　　　min/km

달리며 좋았던 점

다음에 도전·적용할 점

오늘의 생각

64 나만 너무 느린 거 아닐까?

달리기를 막 시작하면, 어쩔 수 없이 다른 사람들과 비교하게 된다. 옆에서 쌩쌩 달리는 러너들, 앱에 찍히는 페이스 기록, 그리고 SNS에 올라오는 화려한 인증샷.

이럴 때 자주 드는 생각.

"나만 너무 느린 거 아닐까?"

"이렇게 느려도 달리는 게 맞나?"

하지만 우리의 달리기는 누가 더 빠르냐의 싸움이 아니다. 특히 시작 단계에서는 내 몸에 맞는 속도로, 나만의 루틴을 만드는 것이 훨씬 중요하다. 느리게 달리는 건 잘못이 아니다. 내 능력치보다 빨리 가려는 마음이 언제나 문제를 일으킨다.

나는 한때 기록에 집착해서 무리하게 훈련하다가 부상을 겪었다. 그때 어쩔 수 없이 몇 주간 쉬면서 러닝 루틴이 끊겼던 적이 있다. 그 이후로 느긋하게, 내 페이스에 맞춰 달리며 '느리더라도 아프지 않고 꾸준히' 달리는 게 진짜 실력이라는 걸 깨달았다.

꼭 기억했으면 좋겠다. 모든 러너는 초보 시절이 있었다. 그 누구도 처음부터 빠르진 않았다.

오늘의 목표

일시   /   /
날씨   ☀   ☁   ☂   ❄

달리기 전 체크포인트

수면   시간
체력 컨디션   ○----○----○----○----○
기분 컨디션   ○----○----○----○----○

오늘의 달리기

코스   도로   트랙   공원   산/언덕
거리   km
소요 시간   시간
평균 페이스   min/km

달리며 좋았던 점

다음에 도전·적용할 점

오늘의 생각

---

65 마라톤을 완주한 사람들이 공통적으로 하는 말

마라톤을 완주한 사람들은 완주의 경험을 이렇게 회상하곤 한다. "내 인생에서 가장 힘들었던 순간이었다", "한 번이면 됐다. 두 번 다시는 안 뛸 거야". 참 희한하게도 그 말끝에는 공통적인 문장이 따라온다.

"하지만 해보길 정말 잘했어."

42.195km는 단순한 숫자가 아니다. 그 거리를 달린 사람들은 안다. 그 거리를 달린다는 건 몸의 한계를 시험하는 일이면서, 동시에 자신을 끝까지 밀어붙여 스스로가 어떤 사람인지 확인하는 과정이라는 것을. 출발선에 설 때는 저마다의 목표가 있다. 완주하는 것, 기록을 단축하는 것, 혹은 자신이 이 거리를 달려볼 수 있는 사람인지 증명하는 것. 하지만 결승선을 통과한 순간, 그 목표를 아우르는 단 한 문장이 남는다.

"그래도 나는 해냈다."

완주자들은 말한다. 포기하고 싶다가도 마지막 몇 킬로미터에서는 다리가 아니라 마음이 달리게 했다고. 그 마지막 몇 걸음이야말로 자신에게 던지는 가장 깊은 질문이 되었다고. 그리고 결승선을 넘고 나면, 다시 생각한다. '한 번 더 달릴 수 있을까?'

달리는 내내 절대로 다시 뛰지 않겠다고 절규해놓고도, 어딘가에 있을 또 다른 출발선을 바라보고 있다.

오늘의 목표

일시　　　　　/　　　/
날씨　　　☼　　◯　　☁　　❄

달리기 전 체크포인트

수면　　　　　　　　　　　시간
체력 컨디션　◯----◯----◯----◯----◯
기분 컨디션　◯----◯----◯----◯----◯

오늘의 달리기

코스　　　도로　트랙　공원　산/언덕
거리　　　　　　　　　　　km
소요 시간　　　　　　　　시간
평균 페이스　　　　　　　min/km

달리며 좋았던 점

다음에 도전·적용할 점

오늘의 생각

---

66 달리기를 잘하고 싶다면 이 근육을 강화하라

달리기는 다리만 움직이는 운동이라고 오해하기 쉽지만 사실 몸 전체를 활용하는 전신 운동이다. 그러므로 특정 근육이 강할수록 더 오래, 더 부드럽게, 더 안전하게 달릴 수 있다. 그러면 러너들이 반드시 강화해야 할 핵심 근육은 어디일까?

첫째, 코어. 코어가 약하면 자세가 쉽게 무너지고 체력이 빨리 소진돼 부상으로 이어질 수 있다. 플랭크, 사이드플랭크 같은 운동을 꾸준히 해서 단련하는 게 좋다.

둘째, 엉덩이. 달리기 추진력의 핵심인 엉덩이 근육, 즉 둔근이 강하면 착지 충격을 효과적으로 흡수하고 무릎과 허리의 부담을 줄일 수 있다. 스쿼트, 런지, 힙브릿지 같은 운동으로 강화하면 좋다.

셋째, 햄스트링. 햄스트링이 약하면 다리가 무거워져 페이스를 유지하기 어렵다. 루마니안 데드리프트나 레그컬로 햄스트링을 강화하면 피로도를 줄일 수 있다.

넷째, 종아리. 종아리 근육을 포함한 하체 근육을 균형 있게 단련하면 착지 충격을 분산시키고 부상을 예방할 수 있다. 카프레이즈(까치발 들기), 점프 스쿼트 등을 추천한다.

다섯째, 발목 및 발. 발목과 발 주변의 근력이 부족하면 착지가 불안정해지고 피로도가 높아진다. 발가락으로 수건을 집어당기거나 한 발로 균형 잡기 같은 운동으로 발목 및 발 주변 근육을 단련해보자.

오늘의 목표

일시　　　　　/　　　/
날씨　　　☼　　◯　　☂　　❄

달리기 전 체크포인트

수면　　　　　　　　　　　시간
체력 컨디션　◯----◯----◯----◯----◯
기분 컨디션　◯----◯----◯----◯----◯

오늘의 달리기

코스　　　도로　트랙　공원　산/언덕
거리　　　　　　　　　　　km
소요 시간　　　　　　　　시간
평균 페이스　　　　　　　min/km

달리며 좋았던 점

다음에 도전·적용할 점

오늘의 생각

67 오늘도 달리기를 선택한 당신에게

당신은 오늘도 달리기를 선택했다. 그 이유가 성취감에서 비롯된 것이든, 의무감에서 비롯된 것이든 상관없다. 중요한 것은 당신이 또 한 번 신발 끈을 묶었다는 사실이다.

어떤 날은 속도를 내며 시원하게 내달리지만, 어떤 날은 무겁게 끌리는 다리를 간신히 앞으로 옮기는 날도 있다. 어느 쪽이든 괜찮다. 당신은 어떤 방식으로든 앞으로 나아가고 있기 때문이다.

달리는 동안 우리는 자신과 많은 대화를 나눈다. "왜 이렇게 힘들지?", "조금만 더 가볼까?", "오늘은 그냥 여기서 멈출까?" 그리고 매번 조금씩 다른 방식으로 그 질문에 답한다. 속도를 줄여도 보고, 기꺼이 멈추기도 하고, 혹은 숨을 크게 들이마시고 다시 한 걸음을 내딛기도 한다. 그런 선택들이 쌓이고 쌓여, 우리는 어느새 어제의 나와는 다른 사람이 되어간다.

달리기는 목표를 향해 가는 운동이지만, 더 중요한 것은 그 과정 속에서 자신을 발견하는 것일지도 모른다.

당신이 오늘도 달리기를 하기로 선택했다면, 그것만으로도 충분하다. 어떤 속도로든, 어떤 기분으로든 당신은 나아가고 있는 거니까.

오늘의 목표

일시   /   /
날씨   ☀ ☁ 🌧 ❄

달리기 전 체크포인트

오늘의 달리기

수면   시간
코스   도로   트랙   공원   산/언덕

체력 컨디션   ○----○----○----○
거리   km

기분 컨디션   ○----○----○----○
소요 시간   시간

평균 페이스   min/km

달리며 좋았던 점

다음에 도전·적용할 점

오늘의 생각

68 언덕 훈련이 필요한 이유와 방법

언덕 훈련은 평지를 달릴 때와는 또 다른 재미와 효과를 준다. 초보 러너에겐 꼭 필요한 훈련은 아니지만, 제대로 활용하면 체력과 근력을 효과적으로 높일 수 있다.

언덕을 달릴 때는 평지보다 많은 에너지가 필요해 심장과 폐가 더 활발히 일하므로 심폐지구력이 향상되고, 언덕을 오르는 과정에서 허벅지·종아리·엉덩이 등 평소에는 잘 쓰지 않는 근육이 강화된다. 또한 평지 달리기를 할 때보다 보폭이 짧아지고 착지가 가벼워져 달리기 효율이 높아진다. 언덕 훈련으로 얻은 추진력은 평지에서도 속도를 올리는 데 도움이 된다.

언덕 훈련을 더 효과적으로 하려면 다음과 같은 원칙을 지켜 시작해보자.

첫째, 짧은 거리부터 시작한다. 처음부터 긴 언덕을 무리하게 오르기보다 50~100m 정도의 짧은 언덕으로 시작해 점진적으로 거리를 늘려가면 좋다.

둘째, 페이스를 조절한다. 언덕을 오를 때는 일정한 속도와 리듬을 유지하며 달리고, 내려올 때는 무리하지 않고 천천히 걷거나 가볍게 달리며 회복하자.

오늘의 목표

일시   /   /
날씨   ☀ ☁ 🌧 ❄

달리기 전 체크포인트

수면   시간
체력 컨디션 O----O----O----O----O
기분 컨디션 O----O----O----O----O

오늘의 달리기

코스   도로   트랙   공원   산/언덕
거리   km
소요 시간   시간
평균 페이스   min/km

달리며 좋았던 점

다음에 도전·적용할 점

오늘의 생각

---

69 달리기가 인생을 바꾸는 가장 강력한 방법인 이유

인생을 바꾸는 수많은 방법이 있다고들 말한다. 책을 읽고, 새로운 기술을 배우고, 좋은 사람들과 교류하고, 주위의 환경을 바꾸는 것. 하지만 그 어떤 방법보다 강력한 것이 '달리기'다. 심지어 달리기는 어렵지도 않다. 거창한 장비도 특별한 기술도 필요 없다. 신발을 신고 한 걸음 내디디면 된다. 하지만 그 한 걸음이 가져오는 변화는 크다. 달리기가 인생을 바꾸는 이유, 궁금하지 않은가?

첫째, 달리기는 자신을 돌아보는 시작점이 된다. 달리면 비로소 몸과 마음을 돌보기 시작한다. 규칙적으로 운동하고, 몸 상태를 신경 쓴다. 내 몸이 어느 때 힘들어지는지도 자각한다. '진짜 나'에 대해 더 잘 알아가게 되는 계기라고나 할까.

둘째, 달리기는 성취감을 선물한다. 처음엔 1km도 힘들지만, 꾸준히 달리다 보면 3km, 5km, 그리고 10km까지 도전할 수 있다. 목표를 세우고, 그것을 달성하는 경험이 쌓이면 삶 전체에 자신감이 생긴다.

셋째, 달리기는 작은 변화를 꾸준히 실감하게 만든다. 우리의 모든 노력이 반드시 가시적인 변화로 나타나지는 않지만, 달리기는 조금 예외적이다. 몇 번만 달려도 체력과 기분이 달라진다. 즉각적으로 느낄 수 있는 변화는 다음 도전을 위한 원동력이 된다.

오늘의 목표

일시　　　　　/　　　/
날씨　　☼　　△　　☁　　❄

달리기 전 체크포인트

수면　　　　　　　　　　　시간
체력 컨디션　○----○----○----○----○
기분 컨디션　○----○----○----○----○

오늘의 달리기

코스　　　도로　트랙　공원　산/언덕
거리　　　　　　　　　　　　km
소요 시간　　　　　　　　　시간
평균 페이스　　　　　　　min/km

달리며 좋았던 점

다음에 도전·적용할 점

오늘의 생각

---

70 달리기가 무릎에 안 좋다는 말, 사실일까?

"달리면 무릎이 나간다." 달리기를 시작하고 가장 많이 들은 말이다. 여러분도 주변에서 달리다가 무릎이 아팠다는 경험담을 들은 적 있을 것이다. 그렇다면 정말 달리기가 무릎 건강에 해로운 걸까?

결론부터 말하면, 올바른 방법으로만 달린다면 무릎이 나빠지진 않는다. 오히려 적당한 강도로 꾸준히 하면 무릎 건강에 도움이 될 수 있다.

미국의 한 연구팀(American College of Sports Medicine)은 달리기가 무릎 관절염의 위험을 증가시키지 않는다는 결과를 발표한 바 있다. 무릎에 부담을 주는 것은 '달리기' 자체가 아니라, 부적절한 훈련 방법, 잘못된 자세, 근력 부족 등이 원인일 가능성이 더 크다는 것이다.

달리면 관절액(활액, Synovial Fluid)이 증가해 연골을 보호하고, 영양을 공급하는 역할을 한다. 오히려 정기적인 운동이 관절을 더 유연하고 튼튼하게 단련해주는 셈이다. 또한 허벅지 및 엉덩이 근육도 강화되는데, 이 근육들이 무릎을 안정적으로 잡아주는 역할을 한다. 즉 근력이 강할수록 무릎 관절에 가해지는 부담이 줄어든다.

다만, 과체중은 무릎 관절에 큰 부담을 주는 요인 중 하나다. 하지만 무리하지 않고 안정적으로 달리기 체력을 늘려간다면 체중을 조절하는 데 도움이 될 것이며, 결과적으로 튼튼한 관절을 얻게 되리라 확신한다.

오늘의 목표

일시　　　/　　　/
날씨　　☀　☁　☂　❄

달리기 전 체크포인트

수면　　　　　　　　　　시간
체력 컨디션　○----○----○----○----○
기분 컨디션　○----○----○----○----○

오늘의 달리기

코스　　　도로　트랙　공원　산/언덕
거리　　　　　　　　　　km
소요 시간　　　　　　　　시간
평균 페이스　　　　　　min/km

달리며 좋았던 점

다음에 도전·적용할 점

오늘의 생각

Check out

61~70번째 달리기 점검하기

그간의 달리기는 어떠셨나요?
10번의 달리기를 돌아보며 전반적으로 어떠했는지 점검해봅시다.

1	달리기 전 충분히 워밍업을 했는가?	○----○----○
2	달리는 동안 내 몸이 어떤지 주의를 기울였는가?	○----○----○
3	무리하지 않고 페이스를 조절했는가?	○----○----○
4	달린 후 충분히 스트레칭을 했는가?	○----○----○
5	달린 후 그날의 달리기를 충분히 돌아봤는가?	○----○----○
6	미션 달성 수준은 전반적으로 어떠한가?	○----○----○

10번 달린 후의 변화		다음 10번의 달리기 목표	
누적 거리	km	누적 거리	km
체중	kg	체중	kg

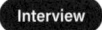

나를 살게 한 달리기

러너 강기향

강기향 러너는 두 번의 암 수술을 겪은 뒤 일상조차 감당하기 어려운 체력 저하 속에 있었다. 그저 살기 위해 운동을 시작해야 했고, 남편의 권유로 조심스레 달리기의 문을 열었다. 운동화를 신는 순간, 그녀는 "이건 아직 나에겐 과분하다"고 느꼈다. 하지만 남편이 그런 그녀를 도닥였다. "앞으로 건강히 잘 달리게 될 거라고." 그 한마디는 그녀에게 언젠가 달릴 수 있을 거라는 작은 가능성을 남겨주었다.

그녀에게 이제 달리기는 그냥 운동이 아니다. 삶 그 자체이며, 에너지이고, 건강이고, 생존이다. 성취의 경험은 자신감을 줬고, 자신감은 새로운 도전을 가능케 했다.

왜 달리기를 시작하게 됐나요?

두 번의 암 수술 후 일상생활이 제대로 안 될 정도로 체력이 약해졌습니다. 운동을 시작해야 하던 차에, 먼저 마라톤을 하고 있었던 남편의 권유로 달리기를 시작하게 되었습니다.

처음 러닝화를 신었을 때, 어떤 마음이었나요?

남편이 잘 달려보라며 뉴발란스 운동화를 해외 직구로 선물해줬어요. 그때는 고맙기보다 제게 과한 선물이라는 생각에, 부담이 되더라고요. 왜냐하면 달리는 속도나 거리나 한참 부족한 시기였으니까요. 남편한테 말했죠. "지금 나한테는 너무 과분해요. 아직 잘 달리지도 못하는데…" 그랬더니 남편이 한마디 하더라고요. "앞으로 잘 달리라고~" 그때는 설마 잘 달릴 날이 올까 싶었습니다.

달리기를 하고서 가장 먼저 어떤 변화가 찾아왔나요?

신체, 내면 두 측면에서 변화했어요. 1km 달리는 것도 무리였는데, 5km, 10km 계속 늘더라고요. 점점 좋아지는 체력을 지켜보던 아이들이 "엄마, 이제 다 나았나봐요!" 하며 놀라워했어요. 제 건강이 좋아지니 가족 모두가 행복해졌죠. 그러다가 10km 마라톤 대회에 덜컥 도전했어요. 하프 마라톤이나 풀 마라톤은 엄두도 못 냈는데, 올해엔 대구 마라톤까지 완주했고요. 그렇게 하나하나 목표를 이루니 자연스럽게 자신감이 붙더라고요.

가장 힘들었던 시기, 달리기는 당신에게 어떤 의미였나요?

암 수술 후엔 호르몬 이상으로 늘 힘없고 피곤한 상태가 지속되었어요. 근감소증으로 고통받기도 했고요. 그 힘들었던 시기를 저는 달리기로 이겨내려고 했고, 그게 제 인생의 터닝포인트가 되었어요. 혼자서 이룬 성장을 통해 성취감을 느끼니 자신감도 얻고, 주저하던 다른 일들에도 도전해보려는 용기가 생겼죠. 또 혼자 달려도 되지만, 남편과 함께 달릴 수 있어서 2배로 즐거워요. 저는 인생의 동반자가 남편이랑 달리기 둘인 것 같아요.

당신에게 달리기는 한 단어로 뭐라고 정의할 수 있을까요?

세 단어로 정의해볼래요. 건강, 에너지, 삶.

달리기를 추천하는 이유는 무엇인가요?

혼자서도 함께도 할 수 있는 운동, 약간의 짬만 나면 언제든지 할 수 있는 운동, 러닝화 한 켤레면 오케이인 운동, 몸의 모든 조직을 다 일깨우는 운동, 유산소·무산소 다 되는 운동…. 달리기를 추천하는 이유는 너무 많아요. 꼭 한 번 달려보세요.

71~80번째 달리기

"위대한 생각은 모두 걷는 동안 떠오른다."

프리드리히 니체(철학자, 시인)

8km & 15km 달리기 도전하기

71 달리기 전에는 결코 몰랐던 달리기의 장점 10가지

직접 달려보기 전에는 절대 알 수 없는 놀라운 변화들이 있다. 놀랄 준비 되었는가?

첫째, 기분이 좋아진다. '행복 호르몬' 엔도르핀이 분비되어 스트레스가 줄어든다.

둘째, 집중력이 향상된다. 뇌 혈류가 증가해 사고력과 집중력이 좋아진다.

셋째, 몸매가 정리된다. 체중 감량은 물론, 몸의 균형이 잡힌다.

넷째, 나만의 시간을 가질 수 있다. 음악이나 사색과 함께 '혼자만의 시간'을 보낼 수 있다.

다섯째, 불면증이 사라진다. 규칙적인 운동으로 수면의 질이 좋아진다.

여섯째, 멘탈이 강해진다. 힘들고 지친 순간을 이겨내며 포기하지 않는 법을 배운다.

일곱째, 식습관이 건강해진다. 몸이 저절로 좋은 에너지를 원하면서 식단이 자연스럽게 바뀐다.

여덟째, 자신감이 높아진다. 작은 성취가 쌓여 '뭐든 할 수 있다'는 자신감이 생긴다.

아홉째, 새로운 커뮤니티가 생긴다. 비슷한 목표를 가진 사람들과 자연스럽게 연결된다.

열째, 삶이 긍정적으로 바뀐다. 하루의 성공적인 시작이 삶 전체에 긍정적인 활력을 불어넣는다.

오늘의 목표

일시　　　　　/　　　/
날씨　　　☀　　☁　　🌧　　❄

달리기 전 체크포인트

수면　　　　　　　　　　　시간
체력 컨디션　○----○----○----○----○
기분 컨디션　○----○----○----○----○

오늘의 달리기

코스　　　도로　트랙　공원　산/언덕
거리　　　　　　　　　　　km
소요 시간　　　　　　　　시간
평균 페이스　　　　　　　min/km

달리며 좋았던 점

다음에 도전·적용할 점

오늘의 생각

---

72 달리기가 무릎에 부담이 되는 경우

앞서 "올바른 방법으로 달린다면 무릎이 나빠지진 않는다"고 했다. 그러면 '올바르지 않은 방법'은 뭘까? 달릴 때 무릎에 부담을 주는 몇 가지 요인과 유의점을 알아보자.

첫째, 발이 몸보다 너무 앞쪽에 착지하거나, 뒤꿈치로 강하게 착지하는 경우. 발은 몸의 중심과 가까운 곳에 자연스럽게 착지해야 하며, 부드럽게 동작해야 충격을 방지할 수 있다. 또한 착지를 너무 의식하다 보면 오히려 과한 동작이 나올 수 있다.

둘째, 처음부터 너무 빠른 속도로 달리거나, 거리와 강도를 급격히 올리는 경우. 이는 가장 흔한 무릎 부상의 원인으로 훈련 강도를 점진적으로 올리는 것이 중요하다.

셋째, 근력 부족 상태에서 무리하는 경우. 특히 허벅지 근육과 엉덩이 근육, 종아리 근육 등의 힘이 부족하면 달리는 무릎이 불안정해지고 충격을 제대로 흡수하지 못하기 쉽다. 이런 경우 조금만 달려도 쉽게 피로해지고 다음날 미세한 통증을 느낄 수 있다. 달리기 강도를 줄이고 보강 운동(스쿼트, 힙브릿지, 런지, 카프레이즈(까치발 들기) 등)을 병행하면 점진적으로 무릎이 받는 부담을 줄일 수 있다.

마지막으로 충격 흡수가 안 되는 신발을 신거나, 자신의 발에 맞지 않는 러닝화를 신으면 무릎이 받는 부담이 커진다. 발의 아치와 쿠셔닝 정도를 고려해 적절한 러닝화를 선택하는 것이 중요하다.

오늘의 목표

일시　　　/　　　/
날씨　　☼　△　☂　✻

달리기 전 체크포인트

수면　　　　　　　　　시간
체력 컨디션　○----○----○----○----○
기분 컨디션　○----○----○----○----○

오늘의 달리기

코스　　　도로　트랙　공원　산/언덕
거리　　　　　　　　　　km
소요 시간　　　　　　　시간
평균 페이스　　　　　min/km

달리며 좋았던 점

다음에 도전·적용할 점

오늘의 생각

---

73 달리기를 하면 몸도 인생도 가벼워진다

우리는 살면서 수많은 짐을 짊어진다. 해야 할 일, 감당해야 할 책임, 풀리지 않는 고민들까지. 하지만 달리면 신기하게도 그 무게가 가벼워진다.

처음 달릴 땐 한 걸음 한 걸음이 버겁고, 숨이 차오른다. 하지만 꾸준히 달리다 보면 점점 몸이 가벼워지는 순간이 찾아온다. 근육이 단련되면서 불필요한 군살이 빠지고, 숨도 덜 차며, 움직임이 부드러워진다. 그러면서 자연스럽게 마음도 가벼워진다.

달리면 머릿속도 정리된다. 복잡했던 생각이 단순해지고, 해결되지 않던 고민이 어느 순간 명확해지는 경험을 하게 된다. 달리는 동안에는 스마트폰을 내려놓고, 해야 할 일에서 벗어나 오직 내 몸과 리듬에 집중한다. 그 순간, 짓누르던 스트레스가 사라지고 머릿속이 깨끗해진다.

또한 달리기는 불필요한 것을 내려놓는 법을 가르쳐준다. 처음부터 빠르게 달리려고 하면 금방 지친다. 꾸준히 오래 달리려면 불필요한 힘을 빼야 한다. 삶도 마찬가지다. 너무 많은 것을 욕심내거나 불필요한 걱정에 사로잡히면 금세 지쳐버린다. 하지만 꼭 필요한 것만 남기고 불필요한 것을 내려놓으면 더 멀리 갈 수 있다.

지금 당신이 내려놓아야 할 무게는 무엇인가?

오늘의 목표

일시　　　　/　　　/
날씨　　☼　△　☂　❄

달리기 전 체크포인트

수면　　　　　　　　　　　시간
체력 컨디션　○----○----○----○----○
기분 컨디션　○----○----○----○----○

오늘의 달리기

코스　　도로　트랙　공원　산/언덕
거리　　　　　　　　　　　km
소요 시간　　　　　　　　시간
평균 페이스　　　　　　min/km

달리며 좋았던 점

다음에 도전·적용할 점

오늘의 생각

74 달리기에서 리듬감이 중요한 이유

달리다 보면 몸이 물 흐르듯 떠내려가는 느낌을 받을 때가 있다. 그때 느껴지는 자유로움과 행복감은 이루 말할 수 없다. 바로 그런 느낌은 우리 몸이 '리듬'을 탔을 때 나타나는 현상이다.

많은 러닝 코치들이 리듬을 익히는 것을 강조한다. 리듬을 타지 않고 달리면 훨씬 힘들고, 효율이 떨어지며, 쉽게 지친다. 반면 리듬을 타면서 달리면 같은 거리라도 훨씬 가볍고, 편안하게 달릴 수 있다.

그러면 과연 달리기에서 '리듬을 탄다'는 것은 무엇일까? 달리기에서 리듬을 만드는 중요한 요소는 다리가 아닌 '팔'이다. 팔 동작이 먼저 리듬을 만들어주면, 그 리듬을 따라 다리가 저절로 움직인다. 팔을 일정한 리듬으로 흔들면 다리도 그 리듬에 맞춰 움직이게 되는 것이다. 즉 팔을 리드하면 자연스럽게 보폭과 케이던스(분당 걸음 수)가 일정해지면서 리듬이 생겨난다.

또한 팔 동작이 일정하면 호흡도 그 리듬에 맞춰 규칙적으로 조절된다. 팔을 너무 빠르게 흔들면 숨이 가빠지고, 너무 느리게 움직이면 페이스가 늘어진다. 팔을 일정한 속도로 흔들면서 호흡을 맞추면 더 안정적으로 오래 달릴 수 있다. 그러니 다리보다는 팔 동작을 먼저 신경 써보자. 여러분의 달리기가 한층 더 편안하고 부드러워질 것이다.

오늘의 목표

일시　　　　　　 /　　　 /
날씨　　☼　　☁　　☁︎　　❄

달리기 전 체크포인트

수면　　　　　　　　　　　　시간
체력 컨디션　◯----◯----◯----◯----◯
기분 컨디션　◯----◯----◯----◯----◯

오늘의 달리기

코스　　　도로　트랙　공원　산/언덕
거리　　　　　　　　　　　　km
소요 시간　　　　　　　　　시간
평균 페이스　　　　　　　min/km

달리며 좋았던 점

다음에 도전·적용할 점

오늘의 생각

---

75 "운동할 시간이 없다"고 말하는 사람들에게

"너무 바빠서 운동할 시간이 없어. 하긴 해야 하는데…." 운동하지 않는 사람들의 공통적인 레퍼토리다(나도 자주 쓰던 말이다). 한데, 정말 시간이 없어서 못 하는 걸까?

이를 위해선, 자신의 24시간을 세세히 살펴볼 필요가 있다. 아침에 눈을 떠서 스마트폰부터 켜지는 않는가? 퇴근 후엔 어떻게 보내는가?

하루를 어떻게 보내는지 따져보면 의외로 허투루 쓰는 시간이 많다는 걸 깨닫게 된다. 가령 스마트폰을 만지는 시간이 하루 몇 시간이나 되는지 체크해보자. 10분, 20분, 30분… 별 의미 없이 숏폼 콘텐츠를 스크롤하는 시간만 줄여도 운동할 시간을 확보할 수 있다.

"운동은 제대로 하려면 1시간은 해야 해"라는 고정관념도 운동 습관을 방해하는 주요인이다. 짧게 하느니 아예 안 하게 되기 때문이다. 반드시 5km 이상을 달려야만 운동이 되는 것은 아니다. 단 10분만 움직여도 몸과 마음은 변화한다. 하루의 틈을 비집고 잠시라도 달렸다는 사실은 달리기 습관을 이어갈 원동력이 되어준다.

출근 전 가볍게 스트레칭, 점심시간에 10분 걷기, 퇴근 후 집 앞에서 1km만 달려보기. 새벽에 눈을 떠서 잠들기 전까지 빡빡한 하루 중에도 내가 루틴을 지키기 위해 했던 일들이다. 운동할 시간이 없는 게 아니라 운동을 후순위로 두고 있을 뿐이다.

하루 24시간에서 단 10분만이라도 운동을 위해 투자할 수 있다면, 당신은 충분히 달릴 수 있는 사람이다. 지금 당신의 하루에서 10분을 뺀다면, 가장 먼저 줄일 시간은 무엇인가?

오늘의 목표

일시   /   /
날씨   ☀ ☁ 🌧 ❄

달리기 전 체크포인트

수면   시간
체력 컨디션   ○----○----○----○----○
기분 컨디션   ○----○----○----○----○

오늘의 달리기

코스   도로   트랙   공원   산/언덕
거리   km
소요 시간   시간
평균 페이스   min/km

달리며 좋았던 점

다음에 도전·적용할 점

오늘의 생각

---

76 지면 반발력을 활용해보자

초보 러너들은 지면을 강하게 밀어내면서 추진력을 얻으려는 경향이 있다. 이렇게 하면 에너지가 많이 소모되고, 발목과 무릎에 불필요한 충격이 쌓인다. 초보 러너일수록 달릴 때 "발이 너무 무겁다"고들 많이 말하는 이유다.

반면 달리기에 익숙한 러너들은 지면 반발력을 자연스럽게 활용하여 가능한 한 최소한의 에너지만 사용한다. 그러므로 크게 힘을 들이지 않으면서 발이 가볍게 앞으로 나아가는 느낌을 받는다.

==착지할 때 발이 지면을 '쿵쿵' 치는 느낌이 아니라, 부드럽게 닿았다가 바로 '통통' 튕기는 느낌으로 달려보자.== 지면을 오래 밟을수록 반발력이 줄어들므로, 착지 후 즉시 다음 스텝으로 이어가는 것이 관건이다. 초보 러너들은 보통 (자신의 신체나 능력치에 비해) 보폭이 너무 크고, 케이던스가 낮은 경우가 많은데, ==짧게 자주 발구름을 해줄수록 통통거리는 느낌으로 달릴 수 있을 것이다.==

또한 무릎을 너무 들어 올리지 말자. 초보 러너들은 무릎을 높이 들며 달리는 경향이 있는데, ==무릎을 자연스럽게 앞뒤로 회전하는 느낌으로 달리는 것이 좋다.== 이때 발은 지면을 가볍게 스치면서 전진하자.

최근 출시되는 러닝화 중 반발력을 극대화한 모델은 자연스럽게 통통거리며 튕기는 주법을 만들어주기도 한다. 숙련된 상태에서 신어야 이상적이지만, 반발력을 이용해 달리는 느낌이 과연 무엇인지 느껴보는 데 도움이 되니, 한 번쯤 경험해보는 것도 추천한다.

오늘의 목표

일시　　　　　/　　　/
날씨　　☼　△　☁　❄

달리기 전 체크포인트

수면　　　　　　　　　　시간
체력 컨디션　○----○----○----○----○
기분 컨디션　○----○----○----○----○

오늘의 달리기

코스　　　도로　트랙　공원　산/언덕
거리　　　　　　　　　　　　km
소요 시간　　　　　　　　　시간
평균 페이스　　　　　　min/km

달리며 좋았던 점

다음에 도전·적용할 점

오늘의 생각

---

77 과거의 내가 지금의 나를 본다면?

가끔 상상한다. 만약 달리기를 하지 않던 과거의 내가 지금의 나를 본다면, 어떤 표정을 지을까? 무슨 말을 해줄까? 상상만으로도 재밌다.

일단 내 복장을 보면 할 말을 잃을 것이다. 가슴이 다 파인 민소매 셔츠에, 하반신의 굴곡이 고스란히 드러나는 타이츠라니…. 아마도 아는 척조차 하고 싶지 않을 수 있겠다. 침을 질질 흘려가며 세상의 종말을 맞이하는 표정으로 42.195km를 달리고 있는 모습을 본다면 어떨까? '너 정말… 대체 얼마나 오래 살겠다고 이러고 있는 거야?'라고 질문하고 싶을지도 모르겠지만, 아는 척도 안 하겠지?

아직 해도 뜨지 않은 새벽, 캄캄한 길을 달리는 나를 봤을 때라야, 더 이상은 참지 못하고 '너 정말 국가대표라도 될 거야?'라고 묻지 않을까.

이번엔 반대로 지금의 내가 달리지 않던 시절의 나를 만난다면? 이 말만은 꼭 전하고 싶다.

"제발 부탁이니까, 지금 바로 시작해줄래?"

그렇게 망설이고, 부끄러워하고, 잴 거 안 잴 거 다 재다가 몇 년이 흘러버렸잖아? 그러니 제발 지금 당장 시.작.해.줄.래? 라고 말이다.

오늘의 목표

일시　　　　/　　　/
날씨　　☼　△　☂　❄

달리기 전 체크포인트

수면　　　　　　　　시간
체력 컨디션　○----○----○----○
기분 컨디션　○----○----○----○

오늘의 달리기

코스　　도로　트랙　공원　산/언덕
거리　　　　　　　　　　km
소요 시간　　　　　　　시간
평균 페이스　　　　　min/km

달리며 좋았던 점

다음에 도전·적용할 점

오늘의 생각

78 달리고 나서 몸이 붓는 이유와 해결법

달리고 나서 몸이 심하게 붓는 불편함을 호소하는 러너들이 가끔 있다. 달리고 나면 몸이 개운하고 가벼워졌다는 사람이 있는 반면, 왜 어떤 사람들은 손, 발, 얼굴까지 붓고 온몸이 무거운 느낌을 받는 걸까?

달린 후 부종이 발생하는 주된 원인은 혈액 순환 조절의 문제다. 달릴 때 심장이 빠르게 뛰면서 다리 근육이 혈액을 강하게 순환시키는데, 달리기를 멈추면 정맥이 혈액을 심장으로 원활하게 되돌리지 못해 정체될 수 있다. 이 과정에서 혈액 속 수분이 조직 사이로 스며들면서 붓기가 생긴다. 특히 장시간 달리거나 강도 높은 달리기를 한 후에 갑자기 멈출 경우 이런 현상이 더 두드러지기도 한다.

이러한 부종을 예방하고 완화하는 방법은 몇 가지가 있다. 먼저 달리기를 마칠 때 갑자기 멈추지 말고, 가벼운 걷기나 스트레칭을 해서 서서히 몸을 식혀주는 것이 중요하다. 이렇게 하면 혈액 순환이 원활해지고, 다리로 몰린 혈액이 자연스럽게 심장으로 돌아간다. 또한 달리기 전후로 수분 섭취를 고르게 분배해서 물을 마시는 것도 도움이 된다.

달린 후 다리가 심하게 부었다면 다리를 심장보다 높게 올려주는 자세로 휴식을 취하면 부종 완화에 효과적이다. 또 가벼운 마사지나 폼롤러를 이용한 스트레칭을 하면 붓기가 빠르게 가라앉을 수 있다. 만약 부종이 반복적으로 심하게 발생하거나, 통증을 동반하는 경우라면 단순한 운동 후 부종이 아니라 신장이나 심혈관계 문제일 가능성이 있으므로 전문가의 진단을 받아보기를 추천한다.

오늘의 목표

일시   /   /
날씨   ☀ ☁ 🌧 ❄

달리기 전 체크포인트

수면   시간
체력 컨디션   ○----○----○----○----○
기분 컨디션   ○----○----○----○----○

오늘의 달리기

코스   도로   트랙   공원   산/언덕
거리   km
소요 시간   시간
평균 페이스   min/km

달리며 좋았던 점

다음에 도전·적용할 점

오늘의 생각

---

79 달리다 마주친 낯선 풍경

무채색으로 반복되는 일상에도 고장 난 바늘 하나가 시간을 멈추는 듯한 순간이 찾아오기도 하는 법이다.

그날 아침도 늘 지나다니던 동네 산책로를 달리고 있었다. 이마에 작은 땀방울이 맺히려던 즈음, 묘한 풍경과 마주쳤다.

30년은 족히 되었을 법한 낡은 운동화를 신고, 허름한 반바지에 색바랜 등산용 재킷을 걸친 70대쯤 되어 보이는 한 할아버지가 조용히 달리고 계셨다. 러너라고 하기엔 일반적인 복장이 아니었기에 '산책 도중 잠시 뛰어보시는 건가?' 생각했다. 하지만 그의 발걸음은 이상할 만큼 단단해 보였다. 적절한 보폭과 균형감 있는 팔 동작, 묵묵하고 고요한 리듬 그리고 차분한 호흡. 한두 해 달린 솜씨가 아니었다.

이끌리듯 그분에게 속도를 맞추고 한참을 뒤따라 달렸다. 3km쯤 뒤따라 가다가 문득 생각했다. 아, 저게 진짜 강함이구나.

'오직 나를 위한 달리기'라는 말이 그 순간만큼 설득력 있게 다가온 적이 없었다. 대회도, 기록도, 장비도, 남의 시선도 중요하지 않다는 듯 자신에게 충실한 달리기를 이어가는 그 모습이 영감을 줬다. 그날 나는 누군가의 달리기가 이렇게 큰 울림을 줄 수 있는지를 처음으로 알았다. 나도 누군가의 길 위에서 '묵묵히 달리는 사람'이 될 수 있기를 바라는 마음이 싹텄고, 훗날 내가 달리기 유튜브를 시작하기로 한 모티브가 되었다. 그날 이후, 나는 작은 풍경들을 대충 지나치지 않게 되었다. 그 속에 삶에 힌트가 될 조각들이 숨어 있을지도 모르니까.

오늘의 목표	일시　　　　　/　　　/
	날씨　　☼　△　☁　❄

달리기 전 체크포인트

수면　　　　　　　　　　　시간

체력 컨디션　○----○----○----○----○

기분 컨디션　○----○----○----○----○

오늘의 달리기

코스　　도로　트랙　공원　산/언덕

거리　　　　　　　　　　　km

소요 시간　　　　　　　　시간

평균 페이스　　　　　　　min/km

달리며 좋았던 점

다음에 도전·적용할 점

오늘의 생각

---

80 달리기 전 커피 한 잔, 약일까 독일까?

커피에 든 카페인은 지구력 향상, 피로감 감소, 집중력 증가 등의 효과가 있는 것으로 알려져 있어 운동 보조제로도 쓰인다. 실제로 카페인을 섭취한 러너들이 더 오랜 시간 달릴 수 있었고, 러닝 퍼포먼스가 개선되었다는 연구 결과도 있다(Ziyu Wang, Bopeng Qiu.(2022) Effects of Caffeine Intake on Endurance Running Performance and Time to Exhaustion: A Systematic Review and Meta-Analysis). 이는 카페인이 체내 지방을 에너지원으로 더 효율적으로 활용하게 해주고, 피로 신호를 둔화시켜 지구력을 높이는 데 도움 되기 때문이다.

하지만 카페인이 모든 러너에게 긍정적인 영향을 주는 것은 아니다. 공복에 커피를 마시면 위산 분비가 증가해 속이 불편할 수 있으며, 카페인에 민감하면 심박수가 증가하거나 불안감을 느낄 수도 있다. 또한 이뇨 작용이 촉진돼 달리는 도중 화장실에 자주 가고 싶어질지도 모른다. 결국 카페인의 효과는 개인의 체질과 카페인 내성에 따라 다르게 나타나므로 자신의 반응을 살피며 조절하는 것이 중요하다.

달리기 유형에 따라 효과에도 차이가 있다. 마라톤과 같은 장거리 달리기에서는 카페인이 피로를 늦추고 페이스 유지에 도움이 될 가능성이 크지만, 단거리 달리기나 인터벌 훈련에서는 효과가 덜할 수도 있다. 그렇다면 달리기 전 커피를 어떻게 마시는 것이 좋을까? 운동 30~60분 전에 카페인 100~200mg(커피 1~2잔 정도)을 섭취하면 효과적이다. 다만, 위장이 예민한 사람이라면 공복에 마시는 것을 피하고, 불안 증상이 있는 사람은 섭취량을 조절하는 것이 좋다.

오늘의 목표

일시   /   /
날씨   ☀ ☁ 🌧 ❄

달리기 전 체크포인트

수면   시간
체력 컨디션   ○----○----○----○----○
기분 컨디션   ○----○----○----○----○

오늘의 달리기

코스   도로 트랙 공원 산/언덕
거리   km
소요 시간   시간
평균 페이스   min/km

달리며 좋았던 점

다음에 도전·적용할 점

오늘의 생각

Check out

71~80번째 달리기 점검하기

그간의 달리기는 어떠셨나요?
10번의 달리기를 돌아보며 전반적으로 어떠했는지 점검해봅시다.

#	질문	
1	달리기 전 충분히 워밍업을 했는가?	○----○----○
2	달리는 동안 내 몸이 어떤지 주의를 기울였는가?	○----○----○
3	무리하지 않고 페이스를 조절했는가?	○----○----○
4	달린 후 충분히 스트레칭을 했는가?	○----○----○
5	달린 후 그날의 달리기를 충분히 돌아봤는가?	○----○----○
6	미션 달성 수준은 전반적으로 어떠한가?	○----○----○

10번 달린 후의 변화		다음 10번의 달리기 목표	
누적 거리	km	누적 거리	km
체중	kg	체중	kg

나는 그냥 달린다

러너 김현경

김현경 러너가 맨 처음 달리기 시작한 이유는 단순하다. 코로나 팬데믹이 계속되면서 뭔가 색다른 일을 찾던 와중에 눈에 들어온 게 마라톤 대회였고 무작정 신청했다. 그렇게 그냥 한번 달려보기로 했다. 수차례의 마라톤 및 트레일러닝 대회를 경험한 지금도 그녀는 '그냥' 달린다.

그러나 이제 '그냥'이란 말 안에는 많은 의미가 담겨있다. 내 몸을 위해서 달리고, 나를 사랑하기 위해 달린다. 처음에는 숫자만 보고 달렸다면, 지금은 자신과 못다 한 이야기를 나누기 위해 달린다. 그냥 달린 시간이 쌓이고 쌓여서, 남들과 견주지 않고도 나 자신을 제대로 사랑하는 법을 알게 됐다.

왜 달리기를 시작하게 됐나요?

재수 끝에 행복한 대학 생활을 기대했지만, 공교롭게 코로나 팬데믹이 시작됐습니다. 온라인 수업만 하고 지낸 지 2년째. 똑같이 반복되는 일상이 지루할 무렵에 지역 마라톤 대회를 우연찮게 발견하고 무작정 신청했죠. '신청했으니, 완주는 해보자!' 싶어, 그렇게 저는 첫 마라톤 대회를 나가기 위해 달리기를 시작하게 됐습니다.

처음 러닝화를 신었을 때, 어떤 마음이었나요?

러닝화를 신고, 무릎 보호대를 하고 홀로 대학교 러닝 트랙 앞에 섰던 그 순간이 아직도 생생히 기억납니다. 설렘보다는 긴장이 앞섰습니다. 그때까지 제대로 달려본 적도 없었고 달리기에 관해서 그야말로 아무것도 몰랐기 때문에 '여기서 달리면 되는 건가? 그냥 뛰면 되는 건가?' 얼떨떨했죠. 아이러니하게도 아무것도 몰랐기 때문에 그냥 달리기 시작했던 것 같습니다.

달리기를 하고서 가장 먼저 어떤 변화가 찾아왔나요?

단순히 외형적 아름다움의 관점에서라기보다 신체적 균형의 관점에서 제 몸에 관심을 두게 됐어요. '나는 등이 좀 굽었네?', '나는 골반이 약간 뒤로 밀려있는 것 같아'처럼요. 취약한 부분을 보완하고 교정할 수 있도록 요가, 필라테스도 배우기 시작했죠. 그 과정에서 누군가를 가르치고 싶다는 생각이 들어서 생활스포츠지도사 자격증까지 취득했습니다. 이후엔 산을 달리는 트레일러닝에도 매료되어 많은 대회를 나갔습니다. 보통 '대회'를 나간다고 하면 경쟁의식이나 승부욕을 고취하는 기회라고 여길 텐데, 제가 느낀 것은 조금 다릅니다. 누군가는 빨리 가고, 누군가는 천천히 가고, 누군가는 완주를 하고, 누군가는 하지 못하고… 제각각 자신만의 이야기가 있는 '소중한 삶'을 살아내고 있다는 것을 대회 경험을 통해 알았죠. 남들이 앞서간다고 한들 조바심 내지 않고 내 길만 묵묵히 달리다 보면 완주를 할 수도 있음을 깨달았고요. 마음가짐이 새롭게 정립됐다고나 할까요? 타인의 시선을 의식하지 말고 나 자신만 직시하면서 최선을 다해 살아가는 게 정말 중요하다는 걸 몸으로 겪으면서 알았습니다.

가장 힘들었던 시기, 달리기는 당신에게 어떤 의미였나요?

대학을 졸업하고 운이 좋게 바로 취업을 했습니다. 사회 초년생 시절 많이 힘들었어요. 모든 게 처음이다 보니 막막하기도 했고요. 나날이 힘은 드는데 가족들에게 털어놓기엔 미안함이 앞섰고, 밝고 긍정적인 성격이다 보니 오히려 어디에도 힘들다고 말하면 안 될 것 같았습니다. 그즈음 잠시 쉬고 있던 달리기를 다시 시작했습니다. 퇴근하고 집 근처 하천을 달리면서 제 자신에게 말을 걸었어요. '요즘 많이 힘들지?', '잘하고 있어!' 같은 용기 어린 말들을요. 별게 아닌 듯 보이지만 스스로 이야기를 내뱉고 듣는 것 자체가 마음을 다잡는 데 큰 도움이 되었습니다. 이후엔 목표를 잡아 대회를 준비하는 과정에서 여러 러너들을 만났는데요. 서로 격려를 보내면서 힘든 시기를 이겨낼 수 있었습니다.

당신에게 달리기는 한 단어로 뭐라고 정의할 수 있을까요?

제게 달리기는 '거울'입니다. 스스로를 비춰 볼 수 있는 거울처럼 달리기를 통해 제 자신을 볼 수 있죠. 달리다 보면 제 안의 생각들과 대면하는 순간과 만나고, 지금 어떤 상태인지 알 수 있습니다. 그 과정에서 스스로 용기를 북돋고 위로하기도 합니다. 그러고 나면 스스로가 더 자랑스럽게 느껴지죠. 달리기는 이 세상에서 가장 소중하고 귀한 내 자신을 사랑하는 저만의 방법이기도 합니다.

달리기를 추천하는 이유는 무엇인가요?

달리면서 하루를 시작한다면 좀 더 긍정적으로 생활할 수 있고, 달리면서 하루를 마무리한다면 바쁘게 보낸 오늘을 돌아보면서 당시엔 미처 알아채지 못했던 내 마음을 찬찬히 헤아려볼 수 있습니다. 자주 부정적으로 생각하거나 바꾸고 싶은 삶의 패턴이 있다면 일단 한번 달려보세요. '그냥' 달린 시간이 쌓여 점차 긍정적으로 변해 자신을 사랑하고 있는 자신을 발견할 수 있을 것입니다.

81~90번째 달리기

"뛸 수 있으면 뛰고, 걸어야 한다면 걷고,
기어야 한다면 기어라. 단, 절대 포기하지 마라."

딘 카나제스(울트라마라토너)

대회를 위한 영양 보충 및 컨디션 조절하기

81 '계획 없음'을 계획하기

달리기가 어느 정도 습관으로 안착이 되면 '계획 세우기'가 또 다른 습관이 된다. 이번 주엔 몇 km를 뛸지, 페이스는 얼마로 갈지, 언제 인터벌 훈련을 하고, 언제 회복을 할지. 기록이 쌓이고, 패턴이 생기고, 몸도 마음도 점점 체계적으로 움직이게 된다. 한데 가끔은 그 모든 계획이 답답하게 느껴질 때가 있다.

'내가 만든 루틴에 끌려가는 건 아닐까? 오늘은 그냥 아무 생각 없이 뛰고 싶은데…'

그래서 나는 가끔 일부러 계획을 세우지 않기로 계획한다. 속도도 거리도 정하지 않고, 단지 신발을 신고 밖으로 나가는 것부터 시작한다. 그렇게 달리는 날은 왠지 더 자유롭다. 어디로든 갈 수 있고, 멈추고 싶을 때 멈춰도 된다. 음악을 들을 수도 있고, 그냥 바람 소리만 따라갈 수도 있다.

계획이 없는 하루는 무계획이 아니다. 그건 '의도적 여백'이다. 내 몸과 마음이 정말 원하는 리듬을 따라가는 날.

루틴은 우리를 단단하게 만들지만 가끔 주어지는 자유는 우리를 유연하게 해준다. 그 둘이 어우러질 때, 비로소 달리기가 내 삶의 일부가 된다. 그러니 나는 오늘도 계획을 세운다.

오늘은, 아무 계획 없이 달리기.

오늘의 목표

일시 　　　　 /　　　 /
날씨 　　 ☼ 　 ☁ 　 ☂ 　 ❄

달리기 전 체크포인트

수면　　　　　　　　　　　시간
체력 컨디션　○----○----○----○----○
기분 컨디션　○----○----○----○----○

오늘의 달리기

코스　　　　도로　트랙　공원　산/언덕
거리　　　　　　　　　　　　km
소요 시간　　　　　　　　　시간
평균 페이스　　　　　　　min/km

달리며 좋았던 점

다음에 도전·적용할 점

오늘의 생각

82 러너에게 도움이 되는 음식

뭐든 가리지 않고 잘 먹는 편이지만, 나는 아래 4가지 요소는 신경을 써서 챙기려고 한다.

첫째, 탄수화물. 달리기 중 주요 에너지원은 근육에 저장된 탄수화물(글리코겐)인데, 부족하면 쉽게 지칠 수 있다. 그러므로 현미, 고구마, 오트밀, 바나나 같은 양질의 탄수화물 음식으로 충분히 보충하자.

둘째, 단백질. 달리기로 손상된 근육을 회복하고 강화하려면 단백질 섭취가 필수다. 특히 강도 높은 훈련 후 단백질을 보충하면 부상 예방에 도움이 된다. 닭가슴살, 달걀, 두부, 생선을 추천한다.

셋째, 지방. 지방은 오래 지속되는 에너지원으로, 장거리 러너에게 아주 중요하다. 건강한 지방을 섭취하면 지방 대사를 효율적으로 활용할 수 있다. 아보카도, 견과류, 올리브오일, 연어를 챙겨 먹자.

넷째, 비타민·미네랄. 달리면 땀으로 나트륨, 칼륨 같은 전해질이 빠져나가므로 보충이 필요하다. 항산화 효과가 있는 비타민 C와 비타민 E는 면역력을 높여준다. 바나나(칼륨), 시금치(철분), 아몬드(마그네슘), 감귤류(비타민 C), 토마토(항산화 성분인 리코펜) 같은 음식을 챙겨 먹으면 좋다.

오늘의 목표

일시　　　　/　　　/
날씨　　☼　△　☁　✻

달리기 전 체크포인트

수면　　　　　　　　　시간
체력 컨디션　○----○----○----○----○
기분 컨디션　○----○----○----○----○

오늘의 달리기

코스　　도로　트랙　공원　산/언덕
거리　　　　　　　　　　km
소요 시간　　　　　　　시간
평균 페이스　　　　　min/km

달리며 좋았던 점

다음에 도전·적용할 점

오늘의 생각

83 같은 길을 다르게 달리는 방법

매일 똑같은 길을 달리면 지루함이 밀려온다. 그렇다고 매번 다른 길을 달릴 수는 없는 노릇이다. 그렇다면 같은 길을 달리더라도 다른 방식으로의 변주가 필요하다. 나는 조금씩 다른 방식으로 같은 길을 달린다.

어떤 날은 속도에 변주를 준다. 처음에는 천천히 시작해서 1km마다 조금씩 속도를 올려가다가 마지막 1km에는 최대한 빠르게 달려본다. 때로는 천천히 시작해서 중간은 빠르게, 후반엔 다시 느리게 달린다. 어떤 날은 속도는 신경 쓰지 않고 내가 느끼는 감각에만 집중한다. 지면을 차고 나갈 때의 반발력, 발바닥이 땅을 스치는 소리, 허벅지가 미세하기 떨리는 느낌. 이렇게 작은 감각 하나하나에 집중하면 매일 달리는 길도 새롭다.

어떤 날은 편도로 달리기도 한다. 그저 가고 싶은 거리만큼 달려갔다가 '이쯤 하면 됐다' 싶은 곳에서 멈추고 따릉이나 대중교통을 타고 돌아온다. 어떤 날은 기록으로서의 목표가 아닌, 오직 그날의 약속을 정해 달린다. '시계를 보지 말고 달려보자', '음악 없이 주변 소리만 들으며 달려보자', '5년 후의 나를 상상하며 달려보자'. 이렇게 그때그때 지키고자 하는 바를 설정하면 같은 길에서도 매번 다른 경험을 한다.

같은 길을 달리는 것은 비슷하게 반복되는 하루를 살아가는 것과 닮았다. 우리는 매일 같은 일상을 반복하지만, 그 속에서 어떻게 변주를 주느냐에 따라 하루는 완전히 달라진다.

오늘의 목표

일시　　　　　/　　　/
날씨　　☼　△　☂　❄

달리기 전 체크포인트

수면　　　　　　　　　　시간
체력 컨디션　○----○----○----○
기분 컨디션　○----○----○----○

오늘의 달리기

코스　　도로　트랙　공원　산/언덕
거리　　　　　　　　　　km
소요 시간　　　　　　　시간
평균 페이스　　　　　min/km

달리며 좋았던 점

다음에 도전·적용할 점

오늘의 생각

84 걷기 훈련, 정말 필요할까?

걷기는 달리기를 잘하기 위한 중요한 훈련이자 전략이다. 특히 마라톤 같은 장거리 레이스에서는 걷기를 전략적으로 활용하는 것이 똑똑한 러너의 선택이다. 걷기 훈련을 병행해야 하는 이유는 다음과 같다.

첫째, 심박 조절 연습. 인터벌 훈련 후 빠르게 걷는 시간을 가지면 심박수가 어떻게 떨어지는지 체감할 수 있다. 이는 피로를 방지하고 회복력을 키우는 데 핵심적인 역할을 한다.

둘째, 장거리 적응력을 강화. 10km 이상 장거리를 달릴 때 '달리기+걷기'를 병행하면 근육의 피로를 효과적으로 분산시킬 수 있다. 이러한 훈련은 부상 없이 오래도록 달리기를 즐기는 데 도움을 준다.

셋째, 레이스 전략 시뮬레이션. 달리다 보면 체력이 고갈되는 위기가 찾아온다. 이때 걷기 훈련을 해둔 러너는 '체력 조절'이라는 선택지를 활용해 끝까지 완주할 수 있다.

걷기는 포기가 아니라 완주를 위한 전략임을 기억하자. 전 올림픽 마라토너이자 코치인 제프 갤러웨이 역시 '달리기+걷기' 훈련법의 중요성을 강조하며, 이 방법으로 수많은 완주자를 배출했다.

다시 한 번 기억하자. 걷기는 포기하는 게 아니다. 완주를 위한 고도의 작전이다.

오늘의 목표

일시   /   /
날씨   ☀   ☁   🌧   ❄

달리기 전 체크포인트

수면   시간
체력 컨디션   ○----○----○----○----○
기분 컨디션   ○----○----○----○----○

오늘의 달리기

코스   도로   트랙   공원   산/언덕
거리   km
소요 시간   시간
평균 페이스   min/km

달리며 좋았던 점

다음에 도전·적용할 점

오늘의 생각

---

85 거울 속 나에게 건네는 한마디

'자기 암시(self-suggestion)'라는 개념이 있다. 우리 뇌는 반복되는 메시지를 사실로 받아들이는 습성이 있어서 어떤 메시지를 되뇌는지에 따라 완전히 다른 하루를 살게 된다.

"나 오늘 왜 이러지… 컨디션 별로인데…."
"하기 싫어… 진짜 귀찮아…."

이런 말을 반복하면 몸은 그 의미에 따라 반응한다. 발이 무거워지고, 호흡은 가빠지고, 더 달릴 수 있는 가능성이 줄어든다. 반면 아주 짧게라도 긍정적인 메시지를 되새기면 근육은 준비되고, 마음은 가볍게 열린다.

"오늘도 괜찮아."
"조금만 달려도 충분해."
"내가 또 한 번 해내는 걸 보게 될 거야."

나는 이 과정을 달리기 전 거울 앞에 서서 한다. 거창할 필요는 없다. 단지 오늘의 나에게 오늘의 말을 건네는 것. 어제보다 더 잘 달리자는 말도 아니고, 대단한 기록을 내자는 말도 아니다. 그저 '오늘도 잘 시작해보자'는 다짐이면 충분하다.

자기 암시는 반복될수록 더 큰 힘을 가진다. 그러니 오늘 러닝화 끈을 묶기 전에 거울을 한 번 바라보자. 그리고 나지막하게, 천천히 한마디만 해보자.

"오늘도 잘 해낼 거야."

그 짧은 말이 당신의 오늘을 바꿔줄지도 모른다.

오늘의 목표

일시　　　/　　　/
날씨　　☼　△　☁　❄

달리기 전 체크포인트

수면　　　　　　　　　　　시간
체력 컨디션　○----○----○----○----○
기분 컨디션　○----○----○----○----○

오늘의 달리기

코스　　　도로　트랙　공원　산/언덕
거리　　　　　　　　　　　　km
소요 시간　　　　　　　　　시간
평균 페이스　　　　　　　min/km

달리며 좋았던 점

다음에 도전·적용할 점

오늘의 생각

---

86 달리기를 시작하고 덜 먹게 된 음식

나는 러너에게 좋은 음식을 최선을 다해 챙겨 먹는 편은 아니다. 그러나 피할 수 있다면 최대한 덜 먹으려고 노력하는 음식은 있다.

첫째, 기름지고 지방이 많은 음식. 햄버거, 튀김류, 피자, 베이컨 같은 기름진 음식은 소화가 느리게 진행되며 위에 오래 남아 불편함을 유발할 수 있다. 지방이 많은 음식은 달릴 때 속이 거북하거나 더부룩한 느낌을 줄 가능성이 커서 가급적 덜 먹는 편이다.

둘째, 우유 및 유제품. 달리기 전에 우유, 치즈, 아이스크림과 같은 유제품을 섭취하면 달리다가 반드시 화장실에 들러야 하는 불상사(?)가 일어났다. 우유 및 유제품은 러너가 된 후 점점 기피하게 된 음식들이다.

셋째, 단순당이 많은 음식. 콜라를 곁들이지 않으면 왠지 음식 맛이 밋밋하게 느껴지던 시절이 있었다. 그런데 달리기를 시작하고부터 콜라를 포함해 사탕, 케이크 같은 정제된 설탕이 많은 음식을 먹으면 피로감을 더 쉽게 느끼는 것 같아 자제하고 있다. 당이 떨어진 느낌이 들 때는 건강한 탄수화물(고구마, 현미밥, 바나나) 등으로 채운다. 물론 스트레스가 한계치에 달했을 땐, 몸이 원하는 달콤한 유혹을 기꺼이 받아들이는 날도 있다.

오늘의 목표

일시　　　　/　　　/
날씨　　☼　　☁　　🌧　　❄

달리기 전 체크포인트

수면　　　　　　　　　　시간
체력 컨디션　○----○----○----○----○
기분 컨디션　○----○----○----○----○

오늘의 달리기

코스　　　도로　트랙　공원　산/언덕
거리　　　　　　　　　　km
소요 시간　　　　　　　시간
평균 페이스　　　　　min/km

달리며 좋았던 점

다음에 도전·적용할 점

오늘의 생각

87 런태기가 왔다는 것은…

한창 신나게 달리다가 돌연 러닝화를 신발장 한구석에 팽개친 적이 있다. 그즈음의 여느 날들처럼 달리기에 기온은 적당했고, 공기도 괜찮았고, 내 기분도 나쁘지 않았다. 그런데도 달리고 싶지 않았다.

그런 날이 있다. 그저 그런 날.

며칠이 그렇게 흘렀다. 처음에는 무기력했고, 나중에는 약간 초조했다. 그러다 문득 깨달았다. 이건 내가 그동안 잘 달려왔다는 증거일지도 모르겠구나.

몸은 기억한다. 달리는 일을 얼마나 오래 해왔는지. 익숙한 리듬, 숨소리, 발소리. 그건 사라지지 않는다. 슬럼프는 마침표가 아니라 쉼표 같은 것이다. 끝이 아니고, 방향을 다시 정비하는 작은 공백. 어쩌면 내게 필요한 건 더 빠르게, 더 멀리 달리는 게 아니라 그냥 멈춰 있는 자신을 받아들이는 연습이었을지도 모른다.

그런 과정을 받아들이고 나면, 나도 모르게 다시 달리고 있다. 지금은 지루하고 권태로운 날들처럼 보여도 내 안의 어딘가 깊은 곳에서는 계속 무언가가 자랄 것이리라. 달리기는 멈춘 날들까지 품고 앞으로 나아가는 일이다.

지금 런태기가 왔다면 이렇게 가벼운 마음으로 넘겨보자. 그렇게 또 한 번, 새로운 나를 만나게 될지도.

오늘의 목표

일시　　　　/　　　/
날씨　　☼　△　☁　❄

달리기 전 체크포인트

수면　　　　　　　　　　시간
체력 컨디션　○----○----○----○----○
기분 컨디션　○----○----○----○----○

오늘의 달리기

코스　　　도로　트랙　공원　산/언덕
거리　　　　　　　　　　　km
소요 시간　　　　　　　　시간
평균 페이스　　　　　　min/km

달리며 좋았던 점

다음에 도전·적용할 점

오늘의 생각

88 왜 자세가 늘 무너질까?

달리기를 오래 하다 보면 누구나 한 번쯤 희한한 경험을 한다. 다리는 끄떡없는데, 자세가 무너지기 시작하면서 페이스가 무너지는 것이다. 허리가 처지고, 상체가 흔들리고, 팔이 헛돌고…. 그건 바로 코어가 버텨주지 못해서 생기는 현상이다.

'코어 = 복근'이라고 단순히 생각하는 분들이 있는데, 완벽한 오해다. 코어는 몸의 중심을 잡아주는 모든 근육을 뜻한다. 허리, 복부, 골반 주변의 근육들이 조화를 이루어야 우리는 상체를 고정하고, 하체에 힘을 제대로 전달할 수 있다.

특히 마라톤 후반처럼 체력이 급격히 떨어지는 순간, 코어 힘이 있는 러너는 자세를 끝까지 유지할 수 있다. 하지만 코어가 약한 러너는 자세가 무너지고, 그로 인해 호흡, 리듬, 착지 모두가 흔들리면서 목표한 기록은 물론 경험도 무너진다.

재미있게도, 이걸 알고 나면 평소에 스쿼트나 플랭크를 할 때 "이게 진짜 달리기를 위한 훈련이구나"라는 확신이 생긴다. 그러니 오래 달리고 싶다면 오늘도 가볍게 1분 플랭크는 필수다.

오늘의 목표

일시　　　/　　　/
날씨　　☼　△　☁　❄

달리기 전 체크포인트

수면　　　　　　　　　　시간
체력 컨디션　○----○----○----○----○
기분 컨디션　○----○----○----○----○

오늘의 달리기

코스　　도로　트랙　공원　산/언덕
거리　　　　　　　　　　km
소요 시간　　　　　　　　시간
평균 페이스　　　　　　　min/km

달리며 좋았던 점

다음에 도전·적용할 점

오늘의 생각

---

89 스스로를 다시 존중하는 법을 일깨워준 달리기

달리기와 함께 시작된 가장 큰 변화는 몸매도 체력도 아니었다. 바로 '나 자신을 바라보는 시선'이었다. 어느 날엔가 퍼뜩 그런 생각이 들었다. '나는 왜 나를 존중하지 않을까?'

그간의 나는 학교 동창이 벌인 사업이 대박 났다는 얘길 들은 날, 전 직장 회사 동기의 승진 소식을 들은 날, 혹은 그 누구의 소식을 듣지 않은 보통날에도 잔뜩 움츠린 마음으로 살았다. '뭘 해도 늘 뒤처지는 사람'이라며 나 자신을 쉽게 비난했었다.

물론 한두 번 달렸다고 도깨비방망이 휘두르는 듯한 변화가 일어난 건 아니다. 처음 몇 km를 달리고 '이 정도면 나 너무 잘했지'라고 스스로 기특해 한 날, 빗속을 달리며 '나 오늘 좀 멋진데?'라고 우쭐했던 날, 무기력한 하루의 끝에 '그래도 달리기는 놓지 않았어'라고 마음속으로 위로한 날. 그런 날들이 쌓이고 쌓여서 나 자신을 존중하게 되었다. "이만하면 나 괜찮은 사람이지."

달리기는 자존감을 '증명'하기 위한 수단은 아니다. 그저 나 자신에게 다시 기회를 주기 위함이 목적이다. 그 기회를 잡다 보면 색안경이 벗겨지고 나를 제대로 바라볼 수 있다. 내가 나를 믿어주기 시작하면, 세상의 평가는 덜 중요해진다.

지금 당신은 자신을 얼마나 존중하고 있는가?

오늘의 목표

일시   /   /
날씨   ☀ ☁ 🌧 ❄

달리기 전 체크포인트

수면   시간
체력 컨디션   O----O----O----O----O
기분 컨디션   O----O----O----O----O

오늘의 달리기

코스   도로   트랙   공원   산/언덕
거리   km
소요 시간   시간
평균 페이스   min/km

달리며 좋았던 점

다음에 도전·적용할 점

오늘의 생각

90 끈 묶는 법 하나로 달리기가 달라진다

첫 10km 마라톤 대회에서 발등이 너무 아파 중도 포기한 적이 있다. 왜 발등이 아팠냐고? 신발 끈을 잘못 묶은 결과였다.

발등에 압력이 고르게 분산되지 않으면, 달리는 중에 발이 붓고 통증이 와서 결국 자세가 무너진다. 끈이 느슨하면 발이 헐떡이고, 너무 조이면 혈액 순환이 안 돼 발 저림이나 물집이 생긴다. 일견 끈 묶는 법이 별것 아닌 듯하지만, 이 사소한 차이가 큰 차이를 만든다. 특히 '러너스 루프(Runner's loop)'라고 불리는 매듭 방식은 발꿈치를 단단히 잡아줘서 장거리에서 진가를 발휘한다.

러너스 루프가 일반적인 매듭 방식과 다른 점은 신발 가장 상단의 마지막 두 구멍을 처리하는 방법이다. 일단은 일반적인 신발 끈 묶는 방식으로 묶되, 맨 위 구멍에 도달하면 두 끈을 교차시켜서 묶지 않고, 각 측면 끈을 동일한 측 바깥쪽에서 안쪽으로 넣어 양쪽에 고리(루프)를 각각 만들어준 뒤, 고리 끝의 끈을 반대쪽 고리 안으로 통과시켜서 서로 교차하도록 만든다. 그 후 고리를 단단히 당겨서 발목에 잘 맞게 조정을 하면 된다. 설명만으로 감이 잘 안 온다면 인터넷 검색창에 '러너스 루프'를 쳐보자. 이 작은 고리 하나로 러닝화가 내 발에 딱 맞는 커스텀화처럼 바뀐다.

기록이든, 부상 방지든, 발의 피로도든 끈을 '잘 묶는 법'을 아는 것만으로 달리기의 질이 한 단계 올라간다.

오늘의 목표

일시　　　　　　/　　　　/
날씨　　　☼　　☁　　☂　　❄

달리기 전 체크포인트

수면　　　　　　　　　　　　시간

체력 컨디션　○----○----○----○

기분 컨디션　○----○----○----○

오늘의 달리기

코스　　　도로　트랙　공원　산/언덕

거리　　　　　　　　　　　　km

소요 시간　　　　　　　　　시간

평균 페이스　　　　　　　min/km

달리며 좋았던 점

다음에 도전·적용할 점

오늘의 생각

Check out

81~90번째 달리기 점검하기

그간의 달리기는 어떠셨나요?
10번의 달리기를 돌아보며 전반적으로 어떠했는지 점검해봅시다.

1	달리기 전 충분히 워밍업을 했는가?	○----○----○
2	달리는 동안 내 몸이 어떤지 주의를 기울였는가?	○----○----○
3	무리하지 않고 페이스를 조절했는가?	○----○----○
4	달린 후 충분히 스트레칭을 했는가?	○----○----○
5	달린 후 그날의 달리기를 충분히 돌아봤는가?	○----○----○
6	미션 달성 수준은 전반적으로 어떠한가?	○----○----○

10번 달린 후의 변화		다음 10번의 달리기 목표	
누적 거리	km	누적 거리	km
체중	kg	체중	kg

Interview

목표 수단에서 한층 더 깊어진 이유로

러너 이우형

끝이 보이지 않는 취업 준비로 인한 압박감, 여자친구와의 이별, 부모님의 갱년기 우울증까지, 이우형 러너는 인생에서 가장 힘들었던 시기에 달리기를 시작했다. 안갯속을 헤매듯 막막했던 그 시기에 마라톤 완주라는 명확한 목표를 이루고 싶었다. 처음 그에게 달리기는 목표를 위한 수단에 불과했다면, 이제 달리는 이유는 훨씬 다양하고 더 깊어졌다.

지친 일상에 활력을 불어넣기 위해, 마음의 평화를 얻기 위해, 하루하루 건강한 몸과 정신을 유지하기 위해, 그동안엔 발견하지 못했던 '가능성'이라는 자기 안의 싹을 틔우기 위해 그는 달린다.

왜 달리기를 시작하게 됐나요?

2019년, 취업 준비라는 터널 속에서 지쳐가고 있었습니다. 몸과 마음이 갉힐 대로 갉힌 상황에서 돌파구가 절실했죠. 그러다 하프 마라톤 접수 공고가 눈에 들어왔습니다. 취업은 언제 끝날지 모르는 막연함의 연속이었지만, 마라톤은 시작과 끝이 명확하게 정해져 있다는 점이 매력적으로 다가왔어요. 마라톤 대회 참가가 지친 저에게 새로운 목표가 되어주리라 믿어보며 과감히 신청 버튼을 눌렀습니다. 달리기를 통해 삶의 새로운 전환점을 맞지 않을까 생각했었죠.

처음 러닝화를 신었을 때, 어떤 마음이었나요?

처음 출전한 하프 마라톤 대회를 계기로 달리기의 매력에 단숨에 빠져들었습니다. 하지만 당시 축구와 웨이트트레이닝까지 무리하게 병행해서 무릎이 심하게 손상되고 말았죠. 6개월간 달리기는 물론 다른 운동도 전혀 할 수 없었습니다. 무척 답답했지만, 오직 회복에만 전념하기로 했습니다. 그리고 마침내 6개월 만에 다시 러닝화를 신었습니다. 트랙에 나가 가볍게 조깅을 시작하는데, 여러 감정들이 파도처럼 밀려왔어요. 짧다면 짧고 길다면 긴 6개월의 시간 동안 힘들었던 재활 훈련을 마치고 다시 달리게 되었다는 감격스러움과 감사함이 가장 크게 밀려왔습니다. 동시에 '다시는 무리하지 말고 운동해야겠다'는 다짐이 마음속 깊이 새겨졌습니다. 그날의 조깅은 다시 시작할 수 있다는 희망의 증거였습니다.

달리기를 하고서 가장 먼저 어떤 변화가 찾아왔나요?

가장 먼저 찾아온 변화는 바로 규칙적인 습관이 정립되었다는 거죠. 이전에는 불규칙했던 수면 시간이나 식사 시간이 점차 규칙적으로 바뀌었습니다. 또한 물을 자주 마시는 습관이 생기면서 제 몸이 선순환을 하고 있다는 걸 느낄 수 있었습니다. 몸의 리듬이 맞춰지면서 활력이 생겨났어요. 신체적인 변화와 더불어 내면의 변화 또한 빠르게 찾아왔습니다. 매일 해야 할 운동을 마쳤다는 성취감이 쌓이면서 조금씩 자존감도 높아져 갔죠. '나도 할 수 있다'는 믿음이 생겨났고, 이는 삶의 다른 영역에도 긍정적인 영향을 미쳤습니다.

가장 힘들었던 시기, 달리기는 당신에게 어떤 의미였나요?

공교롭게도 저는 지금까지의 인생에서 가장 힘들었던 시기에 달리기를 시작했습니다. 취업 준비로 인한 압박감, 여자친구와의 이별, 그리고 부모님의 갱년기 우울증까지 겹치면서 육체적으로나 정신적으로나 의지할 곳 없이 너무나 힘든 시간을 보내고 있었습니다. 바로 그때, 하프 마라톤 신청을 통해 달리기를 접하게 되었습니다. 하루하루 조금씩 달리면서 육체적으로 강해지는 동시에 정신적으로도 크게 성장했습니다. 달리기는 제게 탈출구이자 버팀목이나 다름없었어요. 달리는 동안은 모든 걱정과 근심을 잊고 오직 저 자신에게 집중할 수 있었고, 한 발 한 발 내디딜 때마다 '할 수 있다'는 용기와 희망을 얻었습니다. 그 시기에 달리기를 만나지 못했더라면, 저는 아마 훨씬 더 깊은 좌절감에 빠져 헤어나지 못했을 겁니다.

당신에게 달리기는 한 단어로 뭐라고 정의할 수 있을까요?

'선순환의 시작'이라고 말하고 싶습니다. 달리기는 제 삶에 긍정적인 변화의 씨앗을 뿌려주었습니다. 그 씨앗은 제 안에 숨어있던 '가능성'이라는 싹을 틔웠고, 규칙적인 습관, 건강한 신체, 높아진 자존감, 그리고 긍정적인 사고방식이라는 풍성한 열매를 맺게 했습니다. 이 모든 변화들이 톱니바퀴처럼 맞물려 돌아가며 제 삶을 더 나은 방향으로 이끌어주었습니다.

달리기를 추천하는 이유는 무엇인가요?

반드시 달리기가 아니더라도, 한두 가지 운동을 취미로 삼는 것이 정신과 신체 건강에 큰 도움이 된다고 생각합니다. 그중에서도 특히 달리기를 강력하게 추천하는 개인적인 이유가 몇 가지 있습니다. 일단 달리기는 다른 운동에 비해 특별한 장비나 장소가 필요하지 않아 진입 장벽이 매우 낮습니다. 러닝화 한 켤레만 있다면 언제든 시작할 수 있죠. 또 매일 작은 목표를 달성하고, 조금씩 나아지는 자신을 발견하면서 성취감을 쌓기 좋은데, 이는 자연스럽게 자존감 향상으로 이어지죠. 자기 안의 잠재력을 발견하고, 더 건강하고 행복한 삶을 달리기를 통해 얻으실 수 있기를 진심으로 바랍니다.

91~100번째 달리기

> "모든 것이 길이었고, 모든 곳을 달렸다.
> 오로지 달릴 뿐이었다."
>
> **손기정 (마라토너, 올림픽 금메달리스트)**

10km 마라톤 &
하프 마라톤
도전하기

91 10km 완주가 끝이 아닌 시작이 되길

내 생애 첫 10km에 도전하던 날 묘한 기분이 들었다. 처음에는 그 거리에 곧 닿을 수 있을 만큼 가까워지는 듯 하다가, 마치 바다 저편의 수평선처럼 가도가도 다시 끝없이 멀어지는 느낌을 받았다.

하지만 결승선을 통과한 나는 생각보다 멀쩡했고, 생각보다 덜 지쳐 있었다. '이제 끝났구나. 그런데… 정말 끝일까?' 곧 묘한 공허함이 들었다. 그토록 도전하고 싶었던 거리였는데, 막상 완주하고 나니 감흥이 그리 크지 않았다. 오래지 않아 그 이유를 알 것 같았다.

나는 이미 저 수평선 너머 새로운 대륙을 꿈꾸고 있었다. 10km 완주를 위해 달려왔던 수많은 나날들은 이미 나에게 더 큰 배를 만들어 주고 있었다. 처음엔 3km가 한계였지만, 머지않아 5km가 익숙해지고 7km를 넘어가보면 10km도 더 이상 벽이 아니다. 그렇게 조금씩 거리가 늘어나고, 한계가 조정된다.

10km는 끝이 아니라 또 다른 시작이다. 처음엔 엄청난 도전이었던 그 거리가, 언젠가 가볍게 뛰어넘을 수 있는 하나의 이정표가 된다.

목표를 넘는 순간, 우리는 스스로도 모르는 새 이미 다음 목표를 그리고 있다. 그러니 오늘의 10km가 당신에게도 끝이 아니라, 새로운 시작이 되길 바란다.

오늘의 목표

일시　　　　/　　　/
날씨　　☀︎　☁︎　🌧　❄︎

달리기 전 체크포인트

수면　　　　　　　　　　　　시간
체력 컨디션　○----○----○----○----○
기분 컨디션　○----○----○----○----○

오늘의 달리기

코스　　　도로　트랙　공원　산/언덕
거리　　　　　　　　　　　　km
소요 시간　　　　　　　　　시간
평균 페이스　　　　　　　min/km

달리며 좋았던 점

다음에 도전·적용할 점

오늘의 생각

---

92 화장실 습관의 중요성

달리기 전 화장실 습관도 결코 간과할 수 없다. 특히 장거리 달리기나 마라톤 대회라면 이 루틴 하나가 경기력과 직결된다.

장 트러블은 러너들에게 꽤 흔한 문제다. 달리다 보면 장이 자극을 받으면서 갑자기 신호가 오는 경우도 많다. 준비 없이 달리면 중간에 멈출 수밖에 없고, 그건 경기든 훈련이든 큰 손해다. 그래서 고수들은 말한다. "러닝 루틴은 화장실 루틴부터 만들어야 한다"고.

규칙적인 시간에 기상하고, 소화가 잘되는 음식 위주로 먹고, 훈련 30~40분 전부터 가볍게 몸을 움직이면서 자연스럽게 배변 리듬을 만든다. 이건 타고나는 게 아니라 훈련으로 충분히 만들 수 있다.

화장실과 관련된 뼈아픈 에피소드가 있다. 늦잠을 잔 바람에 부랴부랴 대회에 참가했다가 10km쯤에서 갑작스럽게 복통이 와 당황한 적이 있다. 다행히 근처에서 주유소 화장실을 발견해 해결했지만, 지금 생각해도 아찔한 순간이다. 그 사건 이후로 대회 당일 아침엔 다른 날보다 더 일찍 일어나서 따뜻한 물을 한 컵 마시고, 10분 정도 스트레칭을 하면서 화장실에 꼭 다녀오는 루틴을 만들었다. 달리기 실력만큼 중요한 건, 바로 달리기 리듬을 깨지 않는 습관이다.

오늘의 목표

일시　　　　/　　　/
날씨　　☼　☁　☂　❄

달리기 전 체크포인트

수면　　　　　　　　　　　시간
체력 컨디션　○----○----○----○
기분 컨디션　○----○----○----○

오늘의 달리기

코스　　　도로　트랙　공원　산/언덕
거리　　　　　　　　　　　km
소요 시간　　　　　　　　시간
평균 페이스　　　　　　min/km

달리며 좋았던 점

다음에 도전·적용할 점

오늘의 생각

---

93 가끔은 딱 '1km'만 달리기로 한다

달리기가 습관으로 자리 잡은 지금도, 어떤 날은 진심으로 달리기 싫을 때가 있다. 피곤하고, 바쁘고, 이유 모를 무기력까지 겹치면 러닝화를 쳐다보기도 싫어진다. 그럴 땐 그냥 스스로와 타협한다.

"그래, 오늘은 딱 1km만 달리자."

오래 달려온 사람이라면 다음에 나올 모순적인 문장의 진정한 의미를 알 것이다. 1km란 얼마나 짧고, 얼마나 위대한 거리인지.

너무 짧아서 부끄러운 거리인 것 같다가도, 그 1km 덕분에 나를 지켜냈다고 느끼는 날이 많기 때문이다.

완벽한 컨디션이 아니어도 괜찮다. 때로는 별 의욕 없이 신발을 신고, 1km만 뛰고 돌아오는 것만으로도 우리는 스스로와의 약속을 지킨 셈이다. 그런데 그게 쌓이면 희한한 일이 일어난다. '1km만 뛰자' 하면서 밖에 나왔는데, 어느새 2km, 3km를 훌쩍 넘어선다.

의욕보다 먼저 움직이는 몸, 계획보다 앞서나가는 마음. 그걸 자각할 때마다 다른 날은 몰라도 오늘만큼은 내가 온전한 나로서 단단하게 설 줄 아는 사람이라는 용기가 샘솟는다.

달리기는 늘 대단할 필요가 없다. 달리는 날마다 뭔가를 증명할 필요도 없다. 딱 1km만으로도 충분한 날도 있다.

오늘의 목표

일시　　　　/　　　/
날씨　　☼　△　☁　❄

달리기 전 체크포인트

수면　　　　　　　　　　　시간
체력 컨디션　○----○----○----○----○
기분 컨디션　○----○----○----○----○

오늘의 달리기

코스　　　도로　트랙　공원　산/언덕
거리　　　　　　　　　　　km
소요 시간　　　　　　　　시간
평균 페이스　　　　　　min/km

달리며 좋았던 점

다음에 도전·적용할 점

오늘의 생각

---

94 나만의 러닝 플레이리스트가 필요한 이유

음악은 달리기를 오래 지속하게 도와주는 비밀 병기다. 발걸음에 맞는 비트, 마음속으로 흥얼거리기 좋은 가사, 그리고 나만 아는 추억이 담긴 곡들이 지친 순간에도 다시 한 발을 내딛게 만든다.

리듬이 일정한 음악은 페이스 유지에 도움이 된다. 특히 BPM(분당 비트 수)이 일정한 곡은 자연스럽게 보폭과 발걸음을 맞추게 한다. 그러니까, 음악은 일종의 러너용 메트로놈이다. 따로 스마트워치를 보지 않아도 몸이 음악에 맞춰 속도를 조절한다.

어떤 노래는 지치고 힘든 순간에 기억 속의 감정을 끌어올린다. 처음 10km를 달린 날 들었던 노래, 실연 후 밤길을 달릴 때 위로받았던 음악, 그런 곡들이 귀에 들려오면 주로 위에 선 이유가 다시 떠오른다.

나는 대회 당일에만 듣는 '필살 플레이리스트'가 따로 있다. 레이스를 절대 포기하지 않게 해주는 나만의 응원가 같은 존재다. 가령 요즘 플레이리스트의 메인 타이틀은 본 조비의 〈It's my life〉인데, 마라톤 코스의 마지막 언덕 구간에서 그 노래가 나오면 희한하게 힘이 나고 속도가 붙는다.

오늘의 목표

일시　　　　/　　　/
날씨　　☼　　☁　　☂　　❄

달리기 전 체크포인트

수면　　　　　　　　　시간
체력 컨디션　○----○----○----○----○
기분 컨디션　○----○----○----○----○

오늘의 달리기

코스　　　도로　트랙　공원　산/언덕
거리　　　　　　　　　　　km
소요 시간　　　　　　　　시간
평균 페이스　　　　　　　min/km

달리며 좋았던 점

다음에 도전·적용할 점

오늘의 생각

95 슬럼프 극복을 위한 일상의 루틴

슬럼프는 의욕이 사라져서 달리기 자체가 부담스러울 때 찾아온다. 이런 시기에는 '억지로라도 뛰어야 하나?'라는 생각이 들기 쉽다. 그런데 달리기 자체보다는 일상 속 루틴을 정비하는 것이 훨씬 더 효과적일 때가 많다. ==슬럼프를 극복하는 핵심은 '달릴 수 있는 흐름'을 다시 만드는 것이다.== 그 흐름은 러닝화 끈을 매기 전부터 이미 시작된다.

예를 들면 나는 달리기 전 워밍업 루틴을 정비한다. 평소보다 조금 더 일찍 일어나 향 좋은 드립 커피를 내리고, 음악을 들으면서 차분히 마음을 가다듬는다. 몸과 마음을 달리기로 데려가기 위한 예열이다.

또한 러닝복을 일상에서 입는 것도 방법이다. 달리지 않더라도 일부러 러닝 복장으로 입고 생활한다. 그러면 몸이 언제든 달릴 수 있는 상태로 착각해서 자연스럽게 달리기에 대한 거부감이 줄어든다. 이런 가벼운 심리적 유도가 슬럼프에서 빠져나오는 데 의외로 큰 역할을 한다.

출근 전에 무조건 밖으로 나가 햇빛을 5분간 쬔다든지, 저녁에 달리기 유튜브 영상을 보며 스트레칭만 해도 좋다. 이때 중요한 건 '달리기를 하지 않아도 되는' 루틴을 만들되, 결국 다시 달리기에 연결될 수 있는 흐름을 잃지 않는 것이다.

한 번 더 말하지만, 달리기 슬럼프는 달리기 그 자체가 아니라, 일상이 어긋나서 오는 경우가 더 많다. 달리기를 쉬는 것 자체는 괜찮다. 다만 '다시 달리기로 돌아올 수 있는 루틴'을 만들어두면, 그 사이클은 절대 끊어지지 않는다.

오늘의 목표

일시　　　　/　　　/

날씨　　☀︎　☁︎　🌧　❄︎

달리기 전 체크포인트

수면　　　　　　　　　　시간

체력 컨디션　○----○----○----○----○

기분 컨디션　○----○----○----○----○

오늘의 달리기

코스　　　도로　트랙　공원　산/언덕

거리　　　　　　　　　　km

소요 시간　　　　　　　시간

평균 페이스　　　　　　min/km

달리며 좋았던 점

다음에 도전·적용할 점

오늘의 생각

---

96 첫 대회에 임하는 자세

첫 마라톤 대회를 준비하는 과정에는 설렘과 긴장감이 공존한다. 평소 혼자 달리던 때와 다르게, 수백 명의 러너들과 함께 출발선에 서는 경험은 색다른 감동을 선사한다. 하지만 제대로 준비하지 않으면 매우 힘든 레이스가 될 수도 있다. 첫 대회는 어떤 마음으로 임하면 좋을까?

가장 먼저 해야 할 일은 목표를 명확히 설정하는 것. 아무런 목표 없이 그저 '완주만 해야지'라는 생각으로 나갔다가 처절한 현실을 맞닥뜨린 후 다시는 대회에 나가지 않겠다는 사람들을 여럿 보았다. 목표가 없으면 준비도 없기 때문이다.

그렇다고 목표를 높게 잡으라는 뜻은 아니다. 평소 연습했던 페이스보다 약간 상향된 정도로 완주하겠다는 목표면 충분하다. 이렇게 목표를 설정하면 대회에서 얼마의 시간 내에 완주할 지 가늠이 된다. 이는 페이스를 조절하는 데도 도움이 된다. 예상 시간을 알고 있으면 초반에 무리하게 달릴 확률이 줄고, 후반부까지 체력을 효율적으로 분배할 수 있다. 기록보다 중요한 건, 자신이 설정한 페이스를 끝까지 유지하며 완주하는 경험을 쌓는 것이다.

대회 전 일주일은 훈련을 최소화하고 몸을 충분히 회복하는 데 집중하자. 초조한 마음에 마지막까지 격렬하게 훈련하는 경우가 있는데, 오히려 근육 피로만 쌓여서 대회 당일엔 최상의 컨디션을 유지하기 어렵다. 디데이가 가까워질수록 가벼운 스트레칭과 짧은 조깅을 하면서 몸을 푸는 정도가 딱 좋다.

오늘의 목표

일시　　　　　/　　　/
날씨　　☼　☁　☂　❄

달리기 전 체크포인트

수면　　　　　　　　　　시간
체력 컨디션　○----○----○----○----○
기분 컨디션　○----○----○----○----○

오늘의 달리기

코스　　도로　트랙　공원　산/언덕
거리　　　　　　　　　　km
소요 시간　　　　　　　시간
평균 페이스　　　　　min/km

달리며 좋았던 점

다음에 도전·적용할 점

오늘의 생각

---

97 러닝화는 단지 '운동화'가 아니다

한 켤레의 신발이 인생을 바꾼다는 말, 좀 과장 같은가? 하지만 러너에겐 전혀 낯선 표현이 아니다. 러닝화를 신는다는 건 그냥 운동 좀 하겠다는 뜻이 아니다. 그건 오늘도 나를 믿어보겠다는, 고요한 다짐이기 때문이다.

러닝화를 신는 순간, 우리는 이미 나의 무게 중심을 문밖으로 옮긴다. 러닝화는 발을 보호하는 장비가 아니라, 오늘의 나를 행동하게 하는 '스위치'다.

러닝화는 나에 대한 투자다. 내 시간에 대한, 내 체력에 대한, 그리고 내 삶에 대한 투자. 러닝화를 한 켤레 들인다는 건 달리는 삶을 살겠다는 선언이다. "그래, 나는 앞으로도 계속 달려가겠어."

러닝화를 신는 그 짧은 시간 동안 우리는 세상에서 가장 큰 변화를 준비하고 있다. 내가 앞으로 달려갈 길에, 단단히 발을 고정한 채로.

러닝화를 신는다는 건, 앞으로 다가올 날들의 나를 제대로 살아보겠다는 작은 결심이다.

오늘의 목표

일시　　　　／　　／
날씨　　☼　△　☁　❄

달리기 전 체크포인트

수면　　　　　　　　　　　시간

체력 컨디션　○----○----○----○----○

기분 컨디션　○----○----○----○----○

오늘의 달리기

코스　　　도로　트랙　공원　산/언덕

거리　　　　　　　　　　　km

소요 시간　　　　　　　　시간

평균 페이스　　　　　　min/km

달리며 좋았던 점

다음에 도전·적용할 점

오늘의 생각

98 대회 당일, 체크 포인트!

출발 전
- 식사는 출발 3시간 전 소화가 잘되는 탄수화물 위주로 가볍게 먹자. 물도 적당히 마신다.
- 새 장비는 금물. 평소에 익숙하게 입던 신발과 옷을 착용한다.
- 여유 있게 대회장에 도착하자. 번호표는 제대로 부착했는지, 신발 끈은 잘 묶였는지도 한 번 더 점검하자.

레이스 중
- 초반부터 주변 분위기에 휩쓸려 오버페이스하지 말고, 평소 훈련했던 페이스를 유지하자.
- 급수대에서 물을 틈틈이 마시되, 한 번에 너무 많은 양을 마시진 말자.
- 달리는 과정 자체를 즐기는 마음가짐으로 임하자!

결승선 통과 후
- 결승선을 통과하자마자 멈추지 말고, 가볍게 걸으며 몸을 천천히 식혀준다.
- 완주 후에는 물과 단백질이 포함된 음식을 섭취해 회복을 돕는다.
- 목표를 달성했든 못했든, 완주한 스스로를 칭찬하며 성취감을 만끽하자.

오늘의 목표

일시 　　　　/　　　/
날씨 　　☼　　☁　　🌧　　❄

달리기 전 체크포인트

수면　　　　　　　　　　　시간

체력 컨디션　○----○----○----○----○

기분 컨디션　○----○----○----○----○

오늘의 달리기

코스　　　도로　트랙　공원　산/언덕

거리　　　　　　　　　　　　km

소요 시간　　　　　　　　　시간

평균 페이스　　　　　　　min/km

달리며 좋았던 점

다음에 도전·적용할 점

오늘의 생각

---

99 기록은 지우고 감각을 켜라

우리는 흔히 숫자로 달린다. 1km당 몇 분? 평균 심박수는? 보폭 길이는? 스마트워치나 각종 운동 추적 앱의 수치는 우리의 달리기를 낱낱이 분석하고 친절히도 설명해준다. 물론 편리할 때도 있다. 그런데 어느 순간부터 그런 기록에 기대는 달리기가 무척이나 따분하게 느껴진다. 숫자로 표현된 기대치에 나를 끼워 맞추다 보면 달리기는 '즐기는 시간'이 아니라 '기록을 채우는 과업'이 되어버린다.

가끔은 기록을 지우고 달려야 한다. 스마트워치의 스타트 버튼을 누르는 대신, 내 몸의 스위치를 켜고 달릴 필요가 있다. 내 몸의 스위치를 켜는 방법은 달리는 순간에 집중하는 것이다.

"지금 이 속도 괜찮은가?"

"호흡은 편안한가?"

"내 발걸음은 어떻게 리듬을 타고 있는가?"

달리면서 이런 질문을 던지고 답해보자. 비로소 진짜 달리는 느낌을 받을 수 있을 것이다. 나는 가끔 스마트워치도 스마트폰도 놔두고, 그냥 '나'와만 달리는 날이 있다. 그런 날은 속도나 거리는 남지 않지만, 몸은 확실히 기억한다.

"오늘, 나 잘 뛰었어."

감각 기반 러닝은 우리가 얼마나 가볍게, 부드럽게, 편안하게 몸을 다룰 수 있는지를 알려준다. 그건 숫자보다 훨씬 더 정확하고, 무엇보다 오래 남는다.

오늘의 목표

일시　　　　/　　　/
날씨　　☀︎　☁︎　☂︎　❄︎

달리기 전 체크포인트

수면　　　　　　　　　　시간
체력 컨디션　○----○----○----○----○
기분 컨디션　○----○----○----○----○

오늘의 달리기

코스　　도로　트랙　공원　산/언덕
거리　　　　　　　　　　　km
소요 시간　　　　　　　　시간
평균 페이스　　　　　　　min/km

달리며 좋았던 점

다음에 도전 · 적용할 점

오늘의 생각

---

100 나를 위한 의식

저마다 고된 하루를 버티기 위한 자기만의 의식이 있다.

누군가는 아침에 일어나 차 한 잔 마시기, 누군가는 잠들기 전 차분한 재즈 음악 듣기, 또 다른 누군가는 눈뜨자마자 하는 아침 명상. 이런 사소한 리추얼이 우리를 지탱해준다. 내겐 그게 달리기였다.

새벽에 일어나 조용히 신발을 신고, 차가운 공기를 마시며 첫발을 내디디는 순간. 그건 단순한 운동이 아니라, 내가 나를 다시 조율하는 의식이 된다.

고요한 새벽의 달리기는 나를 제자리로 데려다준다. 구태여 속도를 내지 않아도 되고, 기록을 신경 쓰지 않아도 괜찮은 시간. 그저 내가 살아있다는 감각 하나만 느낄 수 있어도 만족스럽다.

이런 시간이 쌓이면서, 나는 조금씩 나를 믿게 되었다. 어제와 다를 것 없는 길을 달리는 동안에도 내 안 어딘가는 계속 달라지고 있었다. 그리고 어느 순간, 달리기는 '해야 하는 일'이 아니라 '하고 싶은 일'이 되었다.

누군가는 명상을 하고,

누군가는 기도를 하고,

나는 달린다.

그렇게 오늘도 나만의 의식을 시작한다.

오늘의 목표

일시　　　　/　　　/

날씨　　☀︎　　☁︎　　🌧　　❄︎

달리기 전 체크포인트

수면　　　　　　　　　　시간

체력 컨디션　○----○----○----○----○

기분 컨디션　○----○----○----○----○

오늘의 달리기

코스　　　도로　트랙　공원　산/언덕

거리　　　　　　　　　　　km

소요 시간　　　　　　　　시간

평균 페이스　　　　　　min/km

달리며 좋았던 점

다음에 도전·적용할 점

오늘의 생각

Check out

91~100번째 달리기 점검하기

그간의 달리기는 어떠셨나요?
10번의 달리기를 돌아보며 전반적으로 어떠했는지 점검해봅시다.

1	달리기 전 충분히 워밍업을 했는가?	○----○----○
2	달리는 동안 내 몸이 어떤지 주의를 기울였는가?	○----○----○
3	무리하지 않고 페이스를 조절했는가?	○----○----○
4	달린 후 충분히 스트레칭을 했는가?	○----○----○
5	달린 후 그날의 달리기를 충분히 돌아봤는가?	○----○----○
6	미션 달성 수준은 전반적으로 어떠한가?	○----○----○

10번 달린 후의 변화		**다음 10번의 달리기 목표**	
누적 거리	km	누적 거리	km
체중	kg	체중	kg

도전의 순간을 기록한
사진을 붙여보세요

나, _____는/은

_____ 년 _____ 월 _____ 일, 100번의 달리기를 마치다.

_____ 년 _____ 월 _____ 일,

첫 _____ 마라톤에 도전하다 (기록: _____).

앞으로 _____ 일/개월/년 후,

_____ 에 도전할 것이다 (목표 기록: _____).

러닝 챌린지 100

첫판 1쇄 펴낸날 2025년 10월 13일

지은이 이재진
발행인 조한나
책임편집 김유진
편집기획 김교석 문해림 김하영 박혜인 함초원 조정현
디자인 한승연 성윤정
마케팅 문창운 백윤진 김민영
회계 양여진 김주연

펴낸곳 (주)도서출판 푸른숲
출판등록 2003년 12월 17일 제2003-000032호
주소 서울특별시 마포구 토정로 35-1 2층, 우편번호 04083
전화 02)6392-7871, 2(마케팅부), 02)6392-7873(편집부)
팩스 02)6392-7875
홈페이지 www.prunsoop.co.kr
페이스북 www.facebook.com/prunsoop   **인스타그램** @prunsoop

ⓒ 이재진, 2025
ISBN 979-11-7254-082-1(13690)

* 잘못된 책은 구입하신 서점에서 바꾸어 드립니다.
* 본서의 반품 기한은 2030년 10월 31일까지입니다.